Pensieri Contaminati

Esplorare il Labirinto dei Sentimenti e delle Idee

GERARDO D'ORRICO

A mia mamma,

In "Pensieri Contaminati", ogni parola è un riflesso della tua forza e del tuo amore, tessuti nel tessuto dei miei pensieri. Grazie per essere la luce che disperde le ombre e la voce risuona nei momenti di riflessione.

Con amore infinito e riconoscenza,

Gerardo D'Orrico

Indice dei Contenuti

Breve Biografia

Salve, sono Gerardo D'Orrico, nato il 6 marzo 1976 a Cosenza, una meravigliosa città nel cuore della regione Calabria, Italia. Fin da giovane, ho nutrito una profonda passione per l'arte, la scrittura e la tecnologia.

Dopo aver completato gli studi di maturità, ho intrapreso un percorso accademico presso le università di Arcavacata e Bologna, dove ho avuto l'opportunità di approfondire le mie conoscenze in diversi ambiti. Sebbene non abbia conseguito una laurea, ho sviluppato una solida competenza nell'informatica e mi sono appassionato all'utilizzo di strumenti musicali.

La mia giovinezza è stata divisa tra la residenza a Luzzi, un affascinante comune vicino a Cosenza, dove ho vissuto durante gli anni di studio, e la città natale di mia madre, Villapiana sul mare, che ha arricchito la mia esperienza di vita con il suo fascino marittimo e la sua cultura.

Fin da giovane, ho avuto l'opportunità di viaggiare in diverse parti d'Italia e, in alcune occasioni, all'estero. Queste esperienze hanno ampliato i miei orizzonti culturali, consentendomi di scoprire nuovi luoghi e di incontrare persone interessanti lungo il mio percorso.

Dopo aver completato il servizio militare, ho deciso di affiancare mio padre nel suo lavoro e, contemporaneamente, ho coltivato la mia passione per la scrittura in prosa. La mia dedizione all'informatica e alla programmazione software mi ha permesso di sviluppare solide competenze tecniche e di esplorare nuovi orizzonti creativi.

La mia ricerca personale mi ha spinto a creare e gestire il sito web Beneinst.it, un luogo virtuale in cui chiunque può condividere liberamente le proprie pagine di diario, lettere, poesie, disegni, quadri o foto. Questa piattaforma si è trasformata in un punto di incontro per artisti e appassionati di diverse discipline, offrendo loro la possibilità di esprimersi liberamente e condividere le proprie creazioni con il mondo.

Attualmente risiedo a Luzzi, dove mi dedico anche alla ricerca nel campo dell'arte tecnologica. Continuo a scrivere, rivedere e pubblicare i miei testi, esplorando le profondità dell'immaginazione e cercando di dare voce ai miei pensieri e alle mie esperienze attraverso la scrittura.

Finora, ho pubblicato quattro libri sotto forma di diari, ciascuno con una narrazione unica e una prospettiva personale. Queste opere includono "Il bene e il male, memorie", "Un soffitto di cenere", "Siamo già noi tra dieci minuti" e "Dillo tu te stesso". Ogni libro rappresenta una tappa del mio viaggio di scoperta e di esplorazione del mondo che mi circonda.

Sono grato per le opportunità che ho avuto e per le persone che hanno attraversato il mio cammino. Continuo a coltivare la mia passione per la scrittura e a esplorare nuove sfide creative. Spero che le mie opere possano ispirare e coinvolgere i lettori, aprendo nuove porte alla riflessione e alla comprensione dell'essere contemporaneo.

Album Foto su Pinterest
https://www.pinterest.it/beneinst/

Prefazione

Nelle pagine che seguono, ti invito a intraprendere un viaggio unico e profondo attraverso il mondo dei pensieri e delle parole. Questo libro, intitolato "Pensieri Contaminati," è il risultato di una serie di riflessioni, esplorazioni e meditazioni su temi che abbracciano la complessità della vita e della condizione umana.

Questo viaggio comincia con una semplice domanda: qual è il significato della vita? Nel primo capitolo, "Il Viaggio Inizia," ci immergiamo in questa ricerca di significato. Attraverso la contemplazione del mondo che ci circonda e delle parole stesse, iniziamo a sondare il profondo mistero che permea la nostra esistenza.

Nel secondo capitolo "Riflessioni iniziali," e in altre parti di questo libro, prendo ispirazione dal diario "Il bene e il male, memorie" dello stesso autore, per esplorare i primi concetti di bene e male, giusto e sbagliato. Attraverso il confronto con il passato, cerchiamo di comprendere come queste idee influenzino il nostro cammino.

I capitoli seguenti ci portano in un viaggio attraverso vari aspetti della vita umana. Dal potere delle parole e della comunicazione ("La Bellezza delle Parole" e "Il Potere della Comunicazione") alla scoperta del significato nascosto nel silenzio ("Il Significato del Silenzio"), passando per l'esplorazione della solitudine ("Esplorando la Solitudine") e il complesso mondo delle relazioni umane ("Le Complesse Relazioni Umane"), questo libro offre un quadro completo della nostra esistenza.

Nel cuore di questo viaggio, scopriamo come la natura stessa sia una fonte inesauribile di ispirazione ("La Natura Come Fonte d'Ispirazione"). Riflettiamo anche sul nostro ruolo nell'immensità dell'universo

("Il Nostro Ruolo nell'Universo"), cercando di comprendere come le nostre azioni influenzino il mondo che ci circonda.

Il percorso continua attraverso le sfide che incontriamo ("Sfide sul Cammino") e le opportunità di crescita personale che emergono da esse ("Crescita Personale"). Nel capitolo "L'Infinito Mistero della Vita," ci immergiamo nella consapevolezza che, nonostante tutte le riflessioni e le parole, la vita rimane un mistero senza risposta definitiva.

Il libro culmina con un'ulteriore esplorazione del concetto di apprendimento ("Continuare a Imparare") e l'accettazione del fatto che il nostro viaggio non ha una destinazione finale, ma è nel percorso stesso che troviamo significato.

Aggiornamento e Nuova Versione: Questa edizione di "Pensieri Contaminati" si propone di creare una nuova versione aggiornata dei contenuti, espandendo il comprensorio del primo testo e ampliando i contenuti in due libri. Il primo è il diario: "Il bene e il male, memorie."

"Pensieri Contaminati" è una raccolta di riflessioni

profonde e personali che spero possano ispirare il lettore a intraprendere il proprio viaggio di scoperta e comprensione. Attraverso le parole e le idee, spero di offrire una finestra aperta sul mondo e invitare chi legge a esplorare il proprio mondo interiore.

Mentre leggi queste pagine, ti invito a riflettere sul significato della vita, sulla bellezza delle parole e sulla complessità delle relazioni umane. Che questo libro sia un punto di partenza per le tue stesse riflessioni e per un viaggio personale alla scoperta di ciò che rende la vita un'avventura straordinaria.

Buon viaggio,
Gerardo D'Orrico.

1. Il Viaggio Inizia

L'inevitabile corso delle esperienze è una realtà che nessuno può eludere, poiché tutto segue il suo naturale andamento. Affrontare il vuoto e confrontarsi con esso è un imperativo che non ammette scappatoie o evitamenti. Nel corso del tempo, qualsiasi cosa ritorna, e chi riesce a mantenersi ancorato a questa prospettiva filosofica dimostra una saggezza profonda e duratura. Fra un anno, il suono di un nuovo battito d'orologio ci riunirà nuovamente, ci valuterà, e ci spingerà a superare le nostre stesse limitazioni. In effetti, l'autoorganizzazione diventa la chiave per respingere le nebbie dell'incertezza e abbracciare le procedure fisiologiche che prescrivono la nostra forza interiore. Solo elevandoci al di sopra dell'ignoranza e della volgarità, possiamo sperare di sfuggire alla sensazione di oppressione, che si insinua sia sulla nostra pelle che nel nostro cuore. Questo principio non riguarda solo il nostro mondo individuale, ma si estende alle istituzioni, alla società, e persino alle leggi che governano il nostro vivere comune. Al di là di tutto ciò, permane costante l'ombra del male, un'entità misteriosa e insidiosa che cerchiamo di svelare.

Questa intricata rete di legami, siano essi legali o naturali, costituisce il tessuto connettivo che ci permette di svegliarci dal sonno profondo e di interrompere il ciclo infinito delle esperienze. La vita stessa può essere paragonata a un sogno, un sofisticato software che raccoglie costantemente immagini e filmati mentre avanziamo nel nostro percorso. Ecco emergere una nuova scienza, una nuova comprensione di chi siamo e del mondo che ci circonda. In un modo o nell'altro, il bene si manifesta e opera senza necessariamente richiedere l'intervento diretto delle istituzioni. In un curioso rovescio della situazione, sono gli esseri umani stessi che svolgono un ruolo centrale in tutto questo processo. Oltre alle esperienze individuali, esiste una sorta di rabbia latente nella realtà che ci circonda, ma sembra che pochi prestino attenzione a questa realtà. Viviamo in un costante stato di frammentazione, intrappolati in un sogno che sembra essersi bloccato in un momento passato, forse una decina di anni fa. Forse ciò che ci serve è una sorta di aggiornamento, una nuova programmazione del nostro software interiore. Ma un giorno, supereremo tutti gli ostacoli, e il mondo cambierà rispetto a come lo conosciamo da qualche anno.

I luoghi che sembrano vuoti e privi di significato non hanno più spazio nel mondo contemporaneo. Laddove tutto sembra ordinario, è spesso là che possiamo individuare la presenza del bene, mentre l'assenza di ciò che è straordinario o frutto dell'immaginazione sembra appartenerci solo in un'altra dimensione. In questo contesto, riflettiamo su noi stessi, sul futuro, sulla nostra carriera e su come il bene permei ogni aspetto della vita. Cerchiamo di definire le radici e i meandri sotterranei di questa forza positiva, lottando per una vita all'insegna dell'amore, delle scelte consapevoli, e della cessazione delle azioni nocive. Quanto siamo stati accecati! Gli accecanti sono da considerare come forze malvagie, ma esiste una soluzione logica che supera di gran lunga le nostre aspettative. Quello che abbiamo sognato in passato rappresenta la strada principale che dobbiamo percorrere. Coloro che cercano di rubarci il bene, spesso lo fanno per sopravvivere, ma sembra che la nostra società non sia ancora completamente preparata per affrontare questa realtà. Il futuro potrebbe somigliare a ciò che viviamo ora, se non addirittura peggio, soprattutto per le generazioni future, costantemente sottoposte all'incessante frenesia dell'opposizione. Chi vive in un mondo senza accoglienza, si scontra con mondi diversi, con forme estranee o nuove nella propria vita, sotto una grande nuvola formata dagli esseri umani sollevati dalla terra dai cristiani nei secoli, in attesa di essere trasferiti all'inferno. Il bene è qui, presente e palpabile, ma spiegarlo in tutta la sua complessità non è un compito semplice. Possiamo immaginare un mondo in cui un semplice tocco di un pulsante ci consenta di scaricare tutte le informazioni necessarie, trasformandoci in esseri guidati dalla passione e dal cuore, senza doverci preoccupare dei mali del mondo.

Un incubo può servire a confermare che siamo tutti prigionieri di una dimensione oscura, come se volesse dimostrarci che siamo soli o che l'infezione si limiti a colpire te o me. Tuttavia, è nell'istinto che risiede il bene, e la vita stessa è paragonabile a un sogno, quindi il bene è il fondamento stesso di questa realtà. Quanto ancora dobbiamo aspettare prima di liberarci da questa condizione, o forse è il caso di eliminare il virus che ci attanaglia? Possiamo sperare in un sogno di qualità superiore, in cui il male non ha più spazio, e coloro che si aggrappano a esso finiscono per autodistruggersi.

Per giungere a una vera rinascita, dobbiamo completamente abbandonare l'ombra del reato, e concepire il bene come una forma perfetta, classica e moderna, che ci guiderà lungo il cammino dell'elevazione. Se perdiamo la fede in tutto ciò, sembra quasi che siamo destinati a un altro luogo, e questo solleva domande fondamentali sulla nostra esistenza. La lotta per il bene richiede un impegno totale e tutte le forze che possiamo riunire, poiché il mondo sembra essere sottosopra, con molte delle nostre convinzioni tradizionali capovolte. Tuttavia, dobbiamo ricordare che il mondo appartiene alle generazioni future, e abbandonando il male qui e ora, possiamo garantire un futuro protetto per tutti, in cui i battiti del cuore risuoneranno con un'intensità sempre maggiore. Non dobbiamo necessariamente seguire una struttura predefinita; ci sono molte alternative da esplorare.

Un'illusione non può persistere per un'intera giornata o nei giorni successivi, e sembra che non ci siano spiegazioni legali a riguardo. Ciò solleva interrogativi sul nostro stesso essere: possediamo forse un computer con due o quattro cuori, capaci di coesistere senza il male, persino in sua presenza? Potremmo creare due habitat separati, che alla fine convergeranno in una realtà unica? La zona del bene dovrebbe espandersi ogni giorno, ma sembra che questa realtà sia ancora sfuggente, priva di notizie, informazioni o documentazione adeguata. Nel corso del tempo, la rete crea oggetti o persone altamente responsabili, in cui l'infezione è chiaramente identificata. Aspettiamo con ansia il momento in cui tutto ciò verrà svelato.

Dopo aver mangiato o durante il sonno, gli alimenti influiscono sull'entità personale, garantendo un passaggio senza intoppi alle proprie cartelle per raggiungere l'oltre. Regolano l'esperienza e tracciano la strada verso una realtà certa nel dubbio. Il concetto di esperienza è assimilato come un'assunzione, piuttosto che come un vuoto, un ampio spazio che può contenere qualità e scatole che registrano gli eventi nel tempo. Questi elementi stimolano il resto del corpo secondo leggi divine, plasmando la nostra esistenza. Il futuro non dovrebbe rappresentare un'incessante ripetizione di negatività o crimini, poiché il male cerca costantemente di trascinarci nella sua oscurità. Ma cresce la consapevolezza che dobbiamo superare un trauma psico-intellettuale per percepire il bene in tutta la sua straordinaria bellezza.

In un mondo in cui emergono costantemente nuove sfumature e differenze, il bene si rivela in modi molteplici e complessi, spesso lontano dalle strutture naturali dell'umanità. Non c'è spazio per coloro che permettono al male di dominarli, né è possibile penetrare il tessuto corporeo con la sua influenza negativa. Nel nostro mondo odierno, la descrizione accurata del male, sia nel nome che nella sua sconfinata guerra, è elusiva. Nessuno sembra capace di abolire ciò che è stato messo in moto; sembra che saremo travolti da questo flusso implacabile. Conosciamo tutti personalmente l'esistenza del passato e di molte altre cose, ma sembrano avvolte da un velo di mistero. Quando raggiungeremo la piena consapevolezza? Il potere del bene è straordinariamente vantaggioso, ma una volta che lo abbracciamo, non possiamo più abbandonarlo. Ridi e risveglia la principessa, perché il nostro viaggio sta per cominciare! Quello che è stato delineato precedentemente rappresenta tutto ciò che il male può realizzare in questo universo. Non siamo destinati a nascere sotto i cavoli; coloro che ci comandano subiranno le conseguenze delle loro azioni. Il male non fa discriminazioni tra le persone, ma durante una giornata, dovremmo almeno svegliarci per un quarto d'ora, anche se non è garantito che riusciremo a liberarci dalle catene della mediocrità. Restiamo in guardia, poiché tra qualche anno tutto sarà diverso, o forse possiamo sperare in una sorta di risurrezione.

È in questo contesto che il male cerca di influenzarci, cercando di farci commettere errori. Tuttavia, la strada per risalire verso l'ascesa del bene è chiara. L'insufficienza che troverai, se questa in funzione non sarà risolta ancora ti dirà molto, ad esempio come le persone si comunicano tra di loro, la presenza di beni e un altro mondo collegato a questo. In breve tempo, potrai acquisire un'esperienza completa in rete, in modo da ottenere un risultato concreto. Pertanto, apri gli occhi e abbraccia la vita come un sogno, perché questa è la realtà che stiamo cercando di costruire.

È vero che ci troviamo in un deserto, e nulla arriva da solo, dobbiamo cercare e trovare ciò che ci serve. Chi cancella, in realtà, non è il bene, poiché ricostruire la scena, le strutture e la storia richiede uno sforzo costante. Molte delle dinamiche che regolano il mondo sono vecchie e legate a poteri ridotti, che ancora mantengono un'influenza sul presente a causa delle azioni passate e future. Tuttavia, il presente è il luogo rivelatore, e non dobbiamo mai dimenticarlo. Tuttavia, stai attento, perché quando raggiungerai questa piena consapevolezza, percepirai un gran fragore cupo e rimbombante. Sarà allora che comprenderai che noi siamo già qui, pronti ad agire! Il rinnovamento è essenziale, e il bene è la chiave per trasformare la realtà che ci circonda.

2. Riflessioni Iniziali

L'emergere della verità si rivela come un intricato mazzo di carte o di destini, plasmabile secondo il nostro volere, e riveste una cruciale rilevanza all'interno della legge del silenzio. Questa verità si svela nella luce incontaminata del Sole e della Luna, priva di contaminazioni, così come l'aria che permea il nostro respiro. I beni non si manifestano semplicemente come oggetti di bellezza, ma piuttosto come una trasformazione intrinseca della nostra esistenza. Man mano che maturiamo, ci muoviamo autonomamente, evolvendoci senza la necessità di presumerlo costantemente, poiché il corso del tempo segue un percorso già tracciato, e noi avanziamo lungo questa strada prestabilita. Il tempo intreccia le reti degli universi e dei destini umani, mentre l'arte ci offre un cammino obliquo, non troppo alto né troppo basso, ma una guida preziosa. Nella realtà, i mali portano con sé sfide e prove: l'amore giace nell'attesa del sabato, l'Italia si configura come un errore, un sottile presagio di disfunzione, una schiavitù del male. Tuttavia, proprio come in tempi immemorabili, l'equilibrio è sempre conservato, e la strada rimane dritta, fiancheggiata dagli alberi dell'esperienza.

Ciò che accade attorno a noi suscita il nostro interesse, portandoci a riflettere sulla bellezza di concederci un pacchetto di sigarette e consumarlo lentamente durante una serata. In questo gesto, troviamo un senso di liberazione, poiché la fuga da questo mondo è impossibile. La scelta di abbracciare il bene e definire la nostra esistenza è un potere che risiede in ognuno di noi. Forse in un passato lontano abbiamo rinunciato a una parte della nostra essenza, come piccoli frammenti dell'umanità stessa. Ciò che è certo, però, è che abbiamo rifiutato di lasciarci ingannare dalle seduzioni del male per far parte di una società complessa. Chi è stato trascinato in questo intricato gioco ha scelto di annientare una parte di sé, cadendo nella trappola dell'inganno. La nostra mente non deve sollevarsi né abbassarsi, ma rimanere in equilibrio, spostandosi orizzontalmente per scoprire la propria verità, evitando le semplificazioni e le convenzioni vuote create da chi non riesce a cogliere la vera realtà. Il cammino della vita è già tracciato, e tutto il resto è un'illusione, apparentemente superata o forse portata via. In questi tempi, viviamo in un mondo che sembra non avere ragione di esistere, un mondo di mali ignorati. Dobbiamo coltivare una ricchezza interiore profonda, abbracciando un'arte spirituale. Ringraziamo, in quanto al di là della morte nella vita, si aprono una vasta gamma di possibilità. Siamo intrappolati in una prigione che non abbiamo cercato, in cui tutti ci considerano oggetti semplici, trasparenti, limpidi e immacolati. Quando un male non è riconosciuto, spesso viene trascurato. La nostra esistenza è un'esperienza serena, una sorta di proiezione dell'immaginazione che si materializza nella realtà, e la realtà è determinata per il novanta percento da ciò che vediamo, mentre il resto è una questione di prospettiva. La nicotina può diventare una compagna di vita, e la solitudine può trasformarsi in variegate esperienze. Alcune persone sono spinte fuori dallo schema, trascinate dalla loro ignoranza, senza rendersi conto del male acuto che le circonda. Asini e pecore vagano chiamandosi l'un l'altro, seguendo le orme di demoni che governano un mondo nascosto dietro facciate dorate.

Forse il male ha fatto breccia in te? La tua distrazione è palese? Possiamo portare con noi solo una parte dell'essenza umana, mentre il resto ci è concesso o sottratto. Abbiamo ceduto una parte di noi al diavolo, non al demonio, per far parte della società, ma chiunque sia caduto in questa trappola ha scoperto solo una luce ingannevole e ha subito danni irreparabili. La mente non deve oscillare, ma rimanere in equilibrio e spostarsi orizzontalmente per trovare la propria verità, evitando semplificazioni inutili e cliché che oscurano la percezione. Abbiamo ceduto al male solo per scoprire che, come temevamo, l'infezione prevale. Abbiamo abbracciato il lato oscuro, ma ora possiamo lottare per superarlo, nonostante i vincoli sociali. Per uscire da un ciclo ripetuto in uno stato di integrità, dobbiamo riconoscere la realtà. Il mondo ha subito un'interruzione prima di ripartire nel Duemila, e un male impedisce

l'arte e l'armonia. Siamo tutti connessi, e il gioco è stato predisposto; speriamo che questo ti soddisfi, sempre. Sconfiggiamo i mali che operano nell'ombra, e la realtà si manifesta in tutta la sua diversità. Scegliamo le persone che frequentiamo con cura, poiché l'esperienza è strettamente legata alle abitudini. Dobbiamo affrontare le paure, il terrore, e sconfiggere i mali che ancora ci circondano, riconoscendo l'ignoranza come lo stato d'animo prevalente. L'uscita da un ciclo ripetuto rappresenta una realtà che inevitabilmente verrà individuata.

Il mondo ha subito una pausa e poi è ripartito nel Duemila. Non è solo un male che ostacola l'arte, ma anche una percezione distorta della realtà, che ci costringe a operare in un mondo in cui la nostra esistenza è minata dalla mancanza di consapevolezza. Rimaniamo vigili contro i mali che operano nell'oscurità, poiché la realtà è celata nella memoria di un mondo che ormai non esiste più, o che semplicemente ostentiamo. Le paure e il terrore devono ancora essere affrontati, mentre l'ignoranza continua a regnare sovrana. Non possiamo sfuggire all'incessante scorrere del tempo, o al mancato sfruttamento del potenziale della vita nel presente.

Invece di cercare il bene al di fuori, dobbiamo trovarlo all'interno di noi stessi, poiché, spesso, il bene è nascosto sotto lo strato di male. Infine, riconosciamo che l'arte è una guida preziosa, ma spesso ignorata, mentre il resto della realtà rimane occultato, se non inteso.

3. Esplorando Il Mondo Intorno a Noi

L'umanità, spesso ignara del bene, si lascia immergere nell'abisso del male senza discernimento, rifugiandosi nell'ignoranza del suo tempo. Questo atteggiamento può apparire come un quieto riposo agli occhi degli osservatori, oppure come la stessa negazione dell'esistenza di un mondo ormai giunto al suo termine. Si prevede che, prima o poi, ci troveremo in una situazione di caduta imminente. Questa insipienza sembra risiedere in ciascuno di noi, forse causata da un accumulo eccessivo di male o dall'influenza ignara e maligna che ci ha costretti al silenzio. La realtà di questo universo si tinge di colori che sfuggono alla comprensione della luce del Cristo, e ancor oggi, una suggestione persistente cerca di insinuarsi nelle nostre menti, un'immagine di un inferno terreno, una concezione distorta della realtà.

Il silenzio, l'orrore e il falso fascismo, con il loro intento di oscurare la vera potenza e la quintessenza della cecità umana, si manifestano come un'ombra costante. Tuttavia, nella realtà, la vita prosegue, spesso trascurando la retorica: le essenze dell'esistenza rimangono immutate, e gli oggetti si manifestano come parte di un disegno, per poi convergere nei nostri obiettivi, apparentemente senza una ragione apparente.

Esprimersi in prima persona costituisce una sfida di proporzioni titaniche. Ti sei mai chiesto perché coloro che hanno tentato di rivoluzionare il mondo hanno spesso interrotto il loro percorso? Qui, ogni possibilità si concretizza in modo tangibile, ma la concretezza stessa si mescola alla catastrofe. Un disegno, elaborato nel corso del tempo dalle esperienze che siamo costretti a nascondere, un giorno prende forma come un treno, percorrendo territori vietati e impossibili.

Il mio desiderio è trascendere l'ignoranza, aprire gli occhi sull'esistenza e questo dipende ampiamente da ciò che osserviamo. Il bene non è un concetto inaccessibile, richiede un equilibrio, mentre il male non può prosperare. La realtà di questo mondo sembra scivolare in una dimensione diversa, o forse un giorno tutti ci ritroveremo sullo stesso piano. La situazione odierna appare come una misteriosa vergogna, in mezzo a gravi sciagure che nessuno sembra comprendere appieno, mentre la realtà sembra momentaneamente sfuggire.

Una rivolta è nell'aria, e l'apocalisse sembra profilarsi all'orizzonte. Viviamo in una prigione psicofisica, una creazione distorta in cui siamo intrappolati in una realtà alterata. Tentare di esprimere opinioni può sembrare un'impresa impossibile, mentre ci troviamo tutti presenti ma incapaci di agire da giudici, non è vero? Le parole comuni sembrano fuori luogo. Ciascuno di noi abita nel proprio mondo, ma un giorno condivideremo tutto e ognuno scoprirà i segreti altrui.

Qual è il destino certo di questo mondo se non una

crepa nell'universo, pronta a disgregare l'intero tessuto? No, è il falso fascismo che domina le menti, perpetuando la decadenza e la dissoluzione. La realtà sembra essere destinata a finire, per lasciare spazio a una nuova realtà che richiede una riorganizzazione dell'interfaccia, un nuovo "software". Ci attende una montagna da scalare, anche se apparentemente non vi è nulla. L'infezione deve essere abbattuta! La società si sgretola totalmente, condannata alla corruzione delle menti e dei corpi. Un processo avviato non può essere cancellato, continueremo a scivolare verso l'alto o verso il basso fino a raggiungere la fine, oltre la quale si trova l'infinito e il vuoto, che potremmo tentare di riempire con la normalità, in un nuovo habitat, ma solo dopo aver vissuto la vita.

L'inferno, il cimitero e un paradiso restaurato, una Terra già presente e reinventata. Lasciamo che gli Stati corrotti si disinteressino, il loro destino non ci riguarda più... Scherzo! Siamo tutti umani, ho scoperto un nuovo criterio di potere adatto a dominare. Ciò che percepiamo è ciò che diviene, e ciò che sperimentiamo è ciò che esiste, come potremmo non rinnovare i sensi seguendo un'esperienza giusta, sebbene anomala? È una necessità alternativa e meravigliosa. La vita è storia, anche quando emerge dalla negazione del male, nonostante ci fossimo immersi in esso. Alla fine, non possiamo procedere senza ribadirlo. Mai sottovalutare quell'affare, quel fiore, il proseguimento che ci manca, soprattutto se qualcun altro l'ha già immaginato. Da ricchi a poveri, viviamo o abbiamo accettato il male, come ripeto spesso: è già compiuto, ma non è ancora definito o legittimato.

È assurdo negare l'evidente presenza di chi ci ha affermato che si tratta di una questione personale. L'orrore si svelerà, e il male è paragonabile alla mafia; niente è garantito oggi, come non lo è la prossima stagione invernale. Solo il bene può fungere da discrimine. I vestiti moderni sono fatti di un tessuto nuovo, con accessori e opzioni illimitate. Un giorno il viaggio sarà un sentiero unico, non come oggi o nei giorni nostri, quando le menti si trovano devastate tra noi, frammenti di cervello smarriti.

Svegliarsi dopo vent'anni sarà un'esperienza stupefacente, e il futuro appare inevitabile. Chi suggerisce di accontentarsi del male che ci affligge, invece di considerarlo come una tappa nel nostro percorso? Cosa potremmo ottenere riconoscendo che tutto ciò è reale e che siamo afflitti dal male comune, alla fine? Pertanto, accontentiamoci della nostra posizione ideale, plasmata da noi stessi per rispecchiare i nostri desideri personali. La vita non segue necessariamente un percorso ordinario, ma ciò non significa che non esista il male o il bene, non credi? Fuori dal silenzio, è evidente quanto sia rimasto dell'era fascista.

Siamo prigionieri del male, come bambini che temono l'entità più conosciuta al mondo, anche se mai nominata. Solo nell'arte ho trovato qualche riscontro, il resto è legge o silenzio, nonché ignoranza e lobotomia. Quanti mali devono ancora emergere! L'ignoranza potrebbe essere diventata il nuovo Stato. Immaginare una via d'uscita da un ciclo di decadimento sano potrebbe sembrare un'idea vietata, ma sarà resa possibile, una realtà che ora ci neghiamo di concepire, fino a quando non verrà riconosciuta. Il mondo ha subito una pausa e poi è ripartito nel 2000, e non solo io, un male ostacola un'arte e una sinfonia. Ma ora viviamo in rete, il gioco è stato predisposto, e siamo già prenotati, spero che sia tutto chiaro, sempre.

Abbattiamo i mali celati alla luce del sole e raccogliamo frutti aggiuntivi. Dobbiamo scegliere attentamente le persone da frequentare, poiché l'esperienza è fortemente influenzata dalle abitudini... vediamo a chi compete la responsabilità, evitando di pensare male, nessuno è condannato in modo definitivo.

4. La Bellezza delle Parole

All'interno del vasto universo dell'esperienza umana, emergono due distinti microcosmi, ognuno caratterizzato da un profondo contrasto con la concezione pura del bene. Il primo di essi è l'etereo, una dimensione sospesa tra realtà e illusione, alimentata da un sofisticato software demoniaco. In questo mondo astratto, le entità sono definite da etichette astratte piuttosto che da luminose e risplendenti virtù. Qui, la vita si svolge in un silenzio greve, avvolta da un'apparente bellezza che nasconde l'oscurità sottostante. È una stabilità che ci tiene sospesi in un'interazione sinaptica elevata, dove i contorni sintattici si fondono in una danza sinistra. Nell'etereo, le forme si intrecciano nell'aria, conservando con astuzia l'esistenza malgrado la presenza malevola che permea ogni aspetto.

Il secondo microcosmo è un'isola di bene, un'oasi in cui la vita è orchestrata intorno ai valori, con una profonda assunzione di coscienza del male che esiste. In questa dimensione, l'amore e la gentilezza permeano l'essenza stessa dell'umanità. Qui, si stabilisce un patto silente in cui il denaro e le amicizie possono muoversi al di fuori dei limiti imposti dalla legalità, sfidando le norme stabilite. La Terra è vista come un luogo da ripristinare, un mondo da riorganizzare, al fine di escludere l'infezione e creare un'armoniosa coesistenza, un rifugio contro la solitudine forzata, causata dalla negazione stessa dell'esistenza. In questo mondo, il bene spesso è negato o proibito, rappresentando una verità inaccessibile ma innegabile, priva dell'essenza stessa dell'essere umano. In questa dimensione, l'individualità perde il suo significato, poiché la potenza è la chiave per comprendere la verità, e ci rendiamo conto di essa anche nella solitudine.

Nel contesto attuale, la vita è immersa nel male, dove coloro che cessano di esistere svaniscono completamente, e il peso delle cose è tangibile, catalogato come in un enorme albergo. Le spiegazioni sono elaborate in uno schema legale, risolutive e cristalline, in cui luci, voci, colori e denunce si intrecciano. Al di fuori di quest'ambiente, le persone si nutrono in modi diversi, e i punti di vista differiscono ma non sempre equivalgono a percezione o realizzazione. Chi non ha mai discusso del male sembra trovarsi in una condizione di stallo, limitato all'uso di soli due punti, avanti e indietro, quando in realtà dovremmo avere a disposizione almeno duecentomila. Esploriamo ogni articolazione delle nostre ossa, seguendo direzioni inimmaginabili, come se dovessimo osservare un universo che si estende davanti ai nostri occhi.

La ribellione non è necessariamente sinonimo di morte, distruzione o violenza. Un intervallo rappresenta solo una breve pausa, e il male non è tutto ciò che esiste; quindi è imperativo intraprendere una serie di azioni, mettendoci in opposizione a tutto ciò che è insano. Per coloro che sembrano non avere un interruttore, bisogna ricordare che essere o fare il bene, o il suo contrario, è una scelta da compiere. La dimensione in cui siamo immersi è più sfaccettata di quanto sembri. All'inizio, potrebbe sembrare un gioco, un mezzo per affermare la propria esistenza attraverso l'uso dei sensi, testa, mani e piedi, anziché limitarsi a semplici aperture di luce o graffiti, sempre più rari ai giorni nostri. Continuo a cercare costantemente un suono attivo o una ragione valida, o anche solo un motivo straordinario per praticare la gentilezza. È certo che i nostri sogni possono diventare realtà e viceversa; sono entrambi aspetti legittimi della nostra esistenza. Basta aprire la porta al bene, anche se la strada può sembrare lunga e faticosa. In questo mondo che talvolta sembra perduto, basta rimuovere la polvere e aprire le porte.

Quando i calcoli raggiungono lo zero, il bene si trasforma in chiarezza nella mente. Tutto è legale, e percepiremo solo un potente botto e vedremo una luce brillante. Quanto ancora dobbiamo chiudere del mondo? La realtà può essere arte, o piuttosto, l'arte è una prospettiva diversa per esplorare la vita. Ho scoperto una strada che esclude l'infezione; ora la realtà è chiara, e tutti noi ne facciamo parte. Anche solo pensare che un giorno la Terra sperimenterà il bene, o addirittura il regno del Signore. Colpevole è solo l'infezione, che si nasconde in molti modi diversi e insospettabili, sotto un'unica facciata. Siamo destinati a liberarci da questa schiavitù e abbracciare una terza dimensione, ignorando le altre due che tanto vantiamo come apice dei beni. L'infezione possiede solo due dimensioni e manca di profondità; è invisibile all'occhio moderno e alle posizioni fisiche che adottiamo, tutte diverse ma categorizzabili. La predisposizione e l'autovalutazione nel contesto sono la chiave per distinguere tra bene e l'infezione e riconoscerli come tali.

Io possiedo la bacchetta della vita; sono il bene, e tutto intorno a me è magico, non nella falsa realtà, ma in una dimensione autentica, una fiaba narrata da un mago, un sogno che diventa reale. Ogni suono che udiamo è autentico, mentre il malevolo è soffocato dal rumore della realtà digitale. In una scatola delle dimensioni del mondo, alla fine dobbiamo sempre trovare un ordine per tutte le cose, ingrandire l'immagine per concentrarci sugli oggetti. Dobbiamo abituarci a non creare disturbo, superando il male e lasciandolo alle spalle.

Abbandoniamo completamente le persone coinvolte nel male. Essere connessi rappresenta una vita, un'iscrizione, una presentazione e un'opportunità. Continuiamo a muoverci all'interno del contesto legale che ci mantiene liberi, come esseri umani, pagando il prezzo e vivendo finché non giungono soluzioni. Io ho abbandonato il male e ho iniziato a vivere fuori, lontano da casa, ma l'infezione è ancora in circolazione. Presta attenzione a coloro che definisco i nuovi, gli esseri umani ritrovati, o un giorno potresti svegliarti con ricordi comuni, inusuali ma sorprendentemente familiari.

5. Il Significato del Silenzio

Nell'habitat in cui dimoro, i mali proliferano come ombre oscure, mentre altrove sembra che il bene si sia nascosto tra le intricate pieghe del tempo. Nel presente, la vera natura della nostra esistenza sembra sfuggire a ogni tentativo di comprensione; siamo ridotti alla nostra essenza, a ciò che si manifesta e si percepisce nel momento presente. Non mi permetto di consigliare il male a chiunque, poiché riconosco che sarebbe un tradimento verso noi stessi, rappresentando l'apice dell'egoismo. Come osiamo sostenere che un parassita possa essere superiore a chiunque altro o che nessuno abbia mai risolto alcunché? Siamo costantemente alla ricerca di qualcosa che sembra mancare, oppure potrebbe essere che non riusciamo semplicemente a trovarlo. Forse anche tu, come tanti altri, hai conosciuto la delusione e il tradimento. Tuttavia, questi momenti difficili costituiscono solo un ingranaggio all'interno del grande schema delle cose, e alla fine porteranno i loro frutti. Crediamo nell'esistenza di un unico Dio al di sopra del nostro microcosmo, una sorta di punto cardinale, mentre ci aspetta un triangolo dopo la morte.

Ci troviamo costantemente in bilico tra due eventi: da un lato, vivere nell'ignoranza e non combattere il male poiché sembra insuperabile, senza percepire una soluzione. Ma un giorno, l'infezione scomparirà da solo, poiché la sua essenza è destinata all'estinzione. Invece di concentrarci esclusivamente sui nostri sogni o cercare di realizzarli, dovremmo accettare la nostra impermanenza e non aspettarci nulla, proprio come è accaduto a tutti coloro che ci hanno preceduto. Sono fermamente convinto che il futuro si trasformerà in presente; essi sono un mondo perduto, avvolto dalla decomposizione e dal decadimento. Svelare la falsità richiederebbe solo pochi giorni per organizzare uno o più Stati, ma questo obiettivo sembra ancora al di fuori dalla nostra portata, poiché oggi misuriamo la distanza in modi diversi, in base a ciò che possediamo rispetto alla Terra.

In questo luogo in cui i mali dominano sovrani, ho ricevuto messaggi via etere, anche se non ho ancora visto chi trasmette tali messaggi. Mi ritrovo qui, con le gambe sospese nell'aria, incerto su come reagiranno le persone quando verranno a contatto col bene. Riflettiamo sulla realtà, sul denaro e sulla coscienza. Sono sicuro che qualcuno sarebbe disposto a pagare per possederli, proprio come un mondo nuovo che è stato liberato dalla piaga del male. Organizzazioni unite per vivere una vita migliore, dove ognuno conosce gli altri e le loro idee simili, anche se talvolta può sembrare tutto un miraggio. Il male può apparire molto simile a tutto il resto, e talvolta la ragione per non parlarne è evidente.

Conosco alcune delle ragioni, ma la tua visione è altrettanto importante, poiché ogni vita contribuisce a plasmare il futuro dell'umanità. La verità emerge dalla realtà, e il mondo è una meraviglia in costante divenire, anche se non sempre lo dichiariamo apertamente. Le paure legate al male e la ricerca del potere supremo si celano dietro le macerie. Mi dispiace, ma temo che questo secolo verrà ricordato come uno dei periodi più bui, paragonabile agli episodi più oscuri della storia, come lo schiavismo e altro ancora.

Oggi, ognuno ha un ruolo ben definito e le persone avanzano con determinazione verso il bene e il cambiamento, mentre il nostro software parassitario persiste, unendoci in una luce che sfida persino il concetto di divinità. Queste entità sembrano avere sembianze umane, o forse qualcosa di più del semplice umano, aleggia attorno a noi come uno spettro, una copertura che nasconde la nostra vera natura. Penso che tutto ciò sia legato a una sorta di malattia o all'immagine stessa dell'impotenza.

Per me, il bene è perfezione, mentre tutto il resto è contaminato, incompleto, e ci costringe a fermarci. In questo caos, tutto sembra costituito da una struttura multipla, e io stesso sono solo un oggetto insignificante, come un ferro da stiro. Nessuno sembra più confrontarsi con le realtà concrete di questo mondo, e tutto è a portata di mano, a patto che non permettiamo al male di prendere il comando. Siamo soltanto entità inserite in una matrice, e la scelta tra l'odio e l'amore è una decisione personale. L'amore è il bene, l'odio è il male. Eleviamoci verso il bene, poiché un giorno si avvererà, non una vita segnata dalla resistenza contro chi ha occhi simili ai tuoi o ai miei. Hai paura del male, di una forza superiore? Digli: "Ti voglio bene." Vuoi entrare nella mia mente, anche se non c'è nulla da scoprire? Tutto è già stato rivelato.

6. Esplorando la Solitudine

Perché attendere quando tutto è pronto, l'ignoranza e la paura devono essere annientate, poiché abbiamo un mondo straordinario inutilizzato. Giungerà una nuova concezione capace di gestire ciò che è già disponibile, si manifesterà concretamente. Attualmente, assistiamo solo alla negazione, alle malattie e a ciò che viene respinto: lo Stato, che, osservandolo attentamente, somiglia a una grande zecca, oppure ad altre persone sprovviste di una regolamentazione divina. Quello che oggi non può essere enunciato diverrà legge domani; un software idoneo a identificare gli individui. Hai già ricevuto la notizia che alcuni dei tuoi amici potrebbero essere portatori del male, e che tra di voi l'odio si annida, celato dietro la magnificenza e la completezza del bene. L'oscurità di una vita ridotta rispetto al suo potenziale originale, nasconde la realtà. Appare come un gioco, ma in realtà è un universo differente, sottile e composto da molteplici dettagli, con regole inosservabili.

Indossiamo il retaggio di un mondo in decadenza, destinato a lasciare spazio a un sogno, un regno proibito in Italia e altrove. Quando si parla, qualcuno nega tutto, come se nulla fosse accaduto, e nessuna notizia fosse stata trasmessa. In realtà, non si tratta soltanto di questioni personali, ma di una sfera più ampia, quella dei cristiani, che lo Stato non è in grado di gestire. Sembra che siano stati oscurati o addirittura cancellati. Chi ti ha detto che devi accontentarti di ciò che passa, e fare il male per ottenere il bene? Giungerà il giorno del giudizio in cui tutti ricorderanno, un segno nella memoria di ciò che oggi è e di ciò che è stato. Con tutto l'affetto che nutro per te, questa nazione appare eccessivamente tenebrosa, priva di dialogo e trasparenza. Non si desidera avere figli, non si vuole vedere, non si desidera rivelare chi ci ha plasmato così. Ma, prima o poi, tutto ciò scomparirà. Attualmente, viviamo in un mondo in rovina, e la verità deve essere celata; sembra che le persone non vogliano conoscere. Ti consiglio di organizzarti.

Oggi ho compiuto numerose azioni, e vivere in base a certezze è equivalente a vivere nel bene, quasi come se si dovesse agire in conformità con convinzioni da attuare. Il male? Di quale male si tratta? Nessuno ne parla. Esiste un bene che si srotola attraverso un viaggio necessario, un collegamento tra il qui e il là, noto come "il trasferimento," il futuro o la continuità. L'anoressia è la mancanza di considerazione del bene, di una malattia o di una disgrazia; il male sembrava solo un ornamento appiccicato alla testa, chi ha compreso quanto fosse realmente nocivo? Un solo abitante minore (malato), tra gli altri è un esempio sbagliato: essi desiderano che tu diventi l'indietro, privo del bene, il recluso, l'ostacolato che tutti rifiutano, una forma cancellata. Dunque, pensa alle nostre comuni lotte; i minori sono come fiori nella giungla.

Il bene rappresenta una forza incondizionata che supera le nostre azioni, ci trascina, ci eleva. Lascia che coloro che desiderano partecipare a un sistema di norme perverse si allontanino, poiché saranno condannati a una vita passiva e, forse, un giorno, se erano portatori sani, torneranno da te. Adesso capisci che il male è un'associazione, e questo rende il bene complesso. Finché c'è vita, supereremo tutto, non vi sarà fine, forse sei solo tu che guardi male, con occhi distorti.

Ho individuato la mia maledizione, eppure non sono riuscito ad evitarla: è uno stigmatismo, dato che ho compiuto tutto ciò che potevo o dovevo fare. Il mio essere è come un viaggio nell'anno tremila e sei, caro diario. Sarà facile per tutti, poiché perpetueranno le medesime azioni, la soluzione è una sola: un software quadrato, perfettamente funzionante, installato.

Un giorno, la luce rischiarerà le tenebre, oppure la potenza risiederà in ognuno di noi. Sono tutti impostori, noi siamo la moda, noi siamo tutto; supereremo i falsi potenti. Il potere è interno a noi, non vi è alcuna attenzione, solo una corazza che ricorda quella infezione, che vada all'inferno, casa loro. Il bene richiede completa aderenza alle successioni, un corpo che è costretto a vivere; lo Stato non esiste, soltanto demoni al comando. Ma realizzeremo il bene lo stesso; vedrai, nessun bene è genuino, solo queste o quelle persone, ferma. Gli angeli soli rappresentano il bene, gli umani sono ingannati dalla storia, si comportano senza riflessione, come se nulla stesse accadendo, quando in realtà il disastro può sempre sopraggiungere. Torniamo sempre al punto di partenza che non esiste, la vita è come il cielo, tutti gli angoli sono al loro posto, mentre la terra è fredda. In realtà, è stato raggiunto un punto di massimo male: il male era un compiuto, mentre il bene era un progresso. L'ambiente è rimasto semplice (il discorso) e non è cambiato col tempo, anzi, è divenuto più facile da spiegare, ma è rimasto eternamente invariabile, classico. Da sempre è così, stabile e calcolato, la soluzione è sempre la stessa; tutti vogliono essere noi, sempre. Le progressioni sono le medesime per tutti, non si tratta di singoli episodi isolati, ma di molti. La fredda realtà spaventa, ma un giorno verrà eliminata, come la cultura maligna che corrompe il bene, radicata nella società in cui viviamo. In quel momento sarà eterno, anche quando non ci saremo fisicamente presenti, hai subito il male, il mondo è strano. L'amore è un'opera in divenire, mentre sei rimasto indietro o ti sei smarrito, al punto che sembri non esistere.

Questa è la condizione umana dell'oppressione. Nel bene, non esistono divisioni, ogni cosa è congiunta in armonia. Hai paura? Sarà pure paranoia, ma è la verità; nessuna manifestazione può offuscarla. In effetti, le persone sono preoccupate, e basta sedersi a occupare uno spazio per renderle impazzire. Tuttavia, alla fine, tutto andrà bene, e sarà la continuità. Scegli, dimentica, riconosci che è troppo tardi. Addio... sì, lo so, è tutto diverso, sono tutti traditori, l'emblema di una morte liberatoria. Farai una scoperta: il turbamento e lo sconcerto c'erano già, un fatto condiviso da molti, non un episodio isolato mio o tuo, ma una questione collettiva. Agisce su tutti, il futuro del pianeta è straordinario, meraviglioso.

Gli ignoranti, i furfanti, i potenti si eliminano da soli con il male. Hai acceso il fuoco, e resteranno solo gli ornamenti; tutti si trasformeranno in individui migliori, formati e sempre felici, senza preoccupazioni. Qui tutto è stabilito, immutato, fino a quando non mi troverai estinto, e fino a quando non subirai il castigo. La soluzione, il cammino, l'ambiente sono sempre gli stessi; la vita continua, sembra che il tempo possa rimettere a posto tutto, ma in realtà si tratta della morte del male. Non possiamo rimanere qui, pensa all'infinito, all'energia dell'acqua, agli amici persi nel tempo. Il bene non è un dono, ma piuttosto un lavoro, vietato a questa società. È necessario uscire di casa per trovare il disastro, bisogna trovare il coraggio di affrontare il potere moderno deforme e accogliere il bene nell'arte di un incontro. Guerre sepolte, persone sotterrate, un fetore di decomposizione prevale, nonostante la pace sembri essere giunta. Il silenzio è l'elemento più cruciale, con diverse profondità e varietà, alcune benefiche e altre dannose. Questa non è vita, ma una scintilla del passato; l'immobilità è il destino di coloro che da tempo cercano una via d'uscita. Vite povere, prive di scommessa, esistenze consumate dall'odio e dalla corruzione, un sonno da cui risvegliare l'intera popolazione, pesi non bilanciati. Ho visto un altro Sole azzurro, la solitudine di restare nel bene. Vivere come se nulla fosse, arrangiarsi e sopravvivere, per poi concludere la giornata in modo normale e pacifico, senza libertà, in ossequio al buon comportamento. Senza legami o una qualche comunanza, solo il denaro che ci accomuna. Ci è stato chiesto di non desiderare di più, ma la follia è nascosta non in un singolo oggetto, bensì in un programma che persiste da anni. Rinasceremo in un nuovo mondo.

7. Le Complesse Relazioni Umane

Il male è un'entità da sfruttare, una guerra immaginaria in cui tutti credono di essere coinvolti. L'assenza del silenzio e della pace non rappresenta una guerra, ma piuttosto una deficienza immunitaria acquisita, una malattia. Questi guerrieri non esisteranno più, è solo una questione legale; la moralità può essere regolamentata attraverso le istituzioni statali. Nel corso del tempo, l'infezione diviene paragonabile alla legge stessa. D'altra parte, il bene rappresenta una costante, una legge adattata all'evoluzione del tempo, sempre più consona al corpo e alla mente.

Oggi è Natale, la nascita è simile al risveglio durante una veglia. Ho perdonato la presenza del male, poiché credo che possa essere utilizzato come una chiave per uscire da un ciclo maledetto. Tuttavia, sono i cristiani che faticano a denunciare il male, e così esso persiste. Nel mondo, siamo tutti presenti e non dovremmo mai sentirsi soli, ognuno ha una responsabilità, un dovere e può gioire delle occorrenze naturali.

Un aspetto interessante è la compatibilità, dato che Dio e lo Spirito Santo occupano un posto speciale, ma ora sembrano essere relegati in un triangolo, di fronte all'inferno e al campo santo. Questa nuova era è ricca di opportunità, una realtà senza male e ladri è ormai necessaria. In questo mondo, vi sono molte divisioni e forme rudimentali, ma il futuro si preannuncia meraviglioso, una volta superate tutte queste limitazioni.

La presenza del male è la verità nascosta, un dolore infinito che persiste sia nel corpo che nella mente. È un fatto accettato dalla maggior parte delle persone, mentre il bene sembra inesistente. Le restrizioni e le misure restrittive sono una finzione, una realtà fittizia. L'arte è promossa, tutti sono promossi, ma la luce deve ancora illuminare questo mondo. In tutto questo, il male è una falsità, e bisogna compiere il bene per superare l'infezione.

Un male non può mai essere superiore al bene; è solo una questione di ignoranza. Dobbiamo sforzarci di migliorare, avere conoscenza della legge, anche quella demoniaca, e focalizzarci su movimento e spazio. È giunto il momento di sbarazzarsi per sempre dei mali, di aprire una nuova era.

In questa nuova era, il futuro sarà un'opportunità meravigliosa, e l'infezione scivolerà via, grazie a un cambiamento profondo. La stagione della caccia ai mali è ora aperta, e dobbiamo rischiare per migliorare e renderlo più sicuro. Una dimensione in cui il bene trionfa sul male è possibile, ma dobbiamo lavorare per raggiungerla.

8. Il Potere della Comunicazione

A tratti mi sveglio con la consapevolezza che il percorso della conoscenza rimane incompleto, e in quei momenti di chiarezza interiore, mi sento come uno straniero in un universo già di per sé estraneo, oltre le convenzioni stabilite e le competizioni incessanti. La verità stessa può essere considerata un enigma, una figura simile a una lepre che fugge senza apparente motivo, o forse un ladro di segreti che ci nasconde la realtà stessa. L'obiettività, rappresentante il distillato del sapere, costituisce un elemento cruciale nell'esistenza, talvolta necessario per svelare, ma mai da trascurare, il complesso gioco di un parco dei divertimenti fatto di illuminazioni e riflessi.

Riflettiamo sull'apprezzamento della musica, una forma d'arte che può essere sia rinfrescante che intrisa di passato. Come un deposito di conoscenza, un disco rigido o una biblioteca, essa può essere condivisa senza la necessità di un contatto fisico diretto, oppure rappresenta soltanto giochi di forza che dominano la scena? Ciascuno di noi si dedica alla ricerca di una chiave di emancipazione, un linguaggio visivo o un software per modellare la propria esistenza. Gli esattori dell'oblio, in un certo momento, giungono per riscuotere il pedaggio, ma il sapere è un tabù, e le menti si eclissano e si nascondono nell'anonimato. Ciò che è "nostro" può appartenere a noi, ma in realtà nulla è esclusivo, poiché nulla è veramente unico. Altre sfaccettature dell'esistenza vengono negate, e personalmente non ravviso il male.

Percepisco l'atmosfera circostante e riconosco la forza di gravità terrestre che ci tiene ancorati, vedo una nebbia che cerca di nascondere il sole, il nostro risolutore, o forse un paradiso terreno, un sogno realizzato. L'assolutismo dello Stato e l'ombra del fascismo come istituzione rappresentano sinistri presagi, suggerendo una possibile distruzione totale della vita stessa. È essenziale affrontare la realtà con determinazione, considerando ciò che rimane di una dichiarazione malevola che arde nell'orizzonte, mentre l'inefficienza dell'esistenza e il disfacimento del mondo moderno si erigono come spettri minacciosi.

L'utopia, in questo contesto, è diventata una realtà istituita, e talvolta, spegnere le luci rivela le ombre che si muovono nell'oscurità. Sembrerebbe che lavoriamo insieme, anche se nessuno lo dichiara apertamente. La verità stessa è spesso un paradiso negato, un eden celato all'interno di ciascuno di noi o all'interno della nostra comunità urbana, mentre l'arte sembra concentrarsi principalmente sui paradisi interiori, trascurando quelli esterni. Ciò che ci viene negato, ciò che è impresso senza senso e ciò che è inesprimibile costituisce il fondamento della nostra esistenza. Dio può essere visto come esistente, così come lo Spirito Santo, oppure come un elaboratore informatico che crea programmi, e il risultato di queste operazioni si riflette sullo schermo dell'esistenza stessa.

La mia vita è divenuta simile a un deserto, un luogo in cui crescono alberi spogli, e di tanto in tanto qualcuno offre foglietti di speranza. Ma quanto siamo davvero vivi? Un'azione che può superare l'infezione è ciò che ci fa sentire vivi, poiché il bene è un'entità che funziona soltanto quando viene attuata correttamente. Solo la certezza matematica e visiva sembra trovare voce, mentre il resto del pensiero umano è un'immagine dell'attimo vissuto nel presente. Tuttavia, sembra che nell'ambito del bene questa sequenza di azioni abbia perso rilevanza, venendo considerata impossibile e inesistente.

Le persone sembrano distratte, inciampano nel corso della giornata, ma senza giungere a conferme definitive. L'upgrade e la crescita sembrano discendere dal cielo, mentre la connessione sembra essere un'applicazione per governare una nazione primitiva abitata da demoni, ignorando il potere del bene e il tormento del male. Il pensiero si muove più velocemente della scrittura, e in ogni frase si cela una verità nascosta, mentre il pensiero marcescente si manifesta attraverso le parole.

Le immagini si presentano da sole, anche se il silenzio prevale. È fuori dal comune che esperienze e natura si riflettano completamente nel nostro corpo, dagli occhi alla resistenza, dall'idea alla realtà moderna, superando molte sfide concettuali.

9. La Natura Come Fonte d'Ispirazione

Le nostre esistenze sono frastagliate da intervalli temporali notevoli, servirebbero almeno dodici mesi per incrociarci, ma come puoi parlare immediatamente della tua presenza, preoccupandoti dell'essere stesso? La presenza è un concetto astratto, un'entità. Sono un individuo indistinguibile, avvolto dal manto del male, non malizia, né malattia, ma un sentimento di corruzione. Il potere di uno stato minuto è un gioco, la richiesta di nutrimento assume proporzioni enormi, un desiderio insaziabile, una fame inestinguibile. Non badare allo stile, clicca sul pulsante per rallentare, ti prego. Questa catastrofe è una performance, essi si mostrano freddi come gelati, sì, il male ha una temperatura gelida. Frena, non farti male, sembra quasi che la vita stessa sia una prigione, più che un'esistenza. Torniamo all'argomento che stavamo trattando in precedenza, di cosa stavi discutendo, la necessità di studiare l'incidente, va bene.

L'infezione promette di innalzarsi a un livello superiore, oggi non significa nulla se non versi tributo, non hai nulla. Questo futuro sembra artificiale, destinato a curare le sofferenze quando i mali saranno azzerati. È come eliminare un frammento del proprio essere, il lato oscuro, l'inganno, l'orrore al quale siamo soggetti. Ho l'impressione che le personalità siano state scambiate, e gli inferni saranno cancellati. La scuola, dopo la giovinezza, perde il suo scopo se non si associa al bene, e si trasforma in un mondo distante dalla via della vita, quasi preferirei la morte piuttosto che dover affrontare l'idea di ciò che è possibile. Pensare ai demoni è affrontare la morte, poiché essi liberano dal male artificiale, dalla corruzione, dalla perdita e dal guadagno. I demoni rappresentano l'inizio del bene, esseri umani reali invece di malvagi, che, che si trovino in Parlamento o in Vaticano, sono tormenti e piaghe. Oggi è pur sempre sabato, e la verità è sconcertante: giurano di continuare sotto il segno del male, in compagnia dei mali, compagni leali privi di discernimento, immersi nell'oscurità, continuamente battuti. Ogni sera non può essere così! Moriamo una sola volta, almeno siamo esseri umani, non farti del male, continua il percorso, la strada è lunga fino all'uscita. Siamo un sogno, una legge in cui l'inesistenza regna sovrana, rimaniamo nella dissoluzione, conosciamo ciò che conoscono, il nulla, un vuoto.

Le uniche responsabilità che si suddividono nel tempo sono le tue, anche se il mio amico sembra ancora scappare e la collettività è corrotta. Lo spazio, sia in casa che fuori, è disponibile, prendilo! Vedrai la vittoria, e alla fine ci lasceranno in pace. Se rimani scollegato, non puoi comprendere, solo il messaggio libero viene accolto. Bilanciare tutto nella vita è impossibile, ma cercare di renderlo funzionale è il classico obiettivo. Tutto ciò che non è reale è stato il frutto di un inganno.

Comunque, la via migliore rimane l'esperienza personale, soprattutto non dare mai nulla al male! È spazzatura, i pensieri malvagi, il tempo stesso.

Nessuno può sfuggire all'esistenza, e non dovremo più vivere nell'oscurità, le parole malevole saranno soffocate. Utilizza ogni programma per rimanere connesso, tranne il suicidio, sarai un individuo rispettabile, non credere alle scale, alle salite, alle discese, e alle gare della vita, che sono state predefinite sin dai primi anni di esistenza, se non dalla nascita stessa. Ciò che siamo ora è ciò che diventeremo, in un processo per riconquistare ciò che ci è stato rubato o per rifare il nostro volto. Amo la pioggia, il tempo nuvoloso e le nuvole. Inevitabilmente, un giorno piangeremo, i sogni sono stati cancellati, ma la realtà del bene non è solo un'illusione, è anche un'opera d'arte, e ha una parte chiamata "credito", che lo Stato deve garantire. Le istituzioni sono state create per liberare e non per imprigionare, eppure la libertà ci fa piangere, il tempo scorre attraverso oggetti moderni e contemporanei, mentre il concetto di futuro si trasforma in un incidente all'esperienza stessa. Il pensiero può essere esaminato attraverso filamenti, identificato esternamente e interpretato nella legge.

Chi parla qui? Nell'arte non esiste nulla di impersonale, nulla può essere espresso in termini di grandezza o inutilità, non c'è bisogno di essere il peggiore, le strade possono non esistere, ma il male è reale, ma non è una questione personale. Viviamo in un'estremità, solo la fine porta liberazione e ciò che è tangibile diviene realtà, un ragionamento comune è condotto da personaggi variopinti. Il potere non ci appartiene, ma neppure a coloro che lo detengono, e questa continua a essere la logica: se non è mio, non dovrebbe appartenere a nessun altro. È come se la miseria, la decadenza e la malattia fossero unite in un'unica storia, una narrazione che abbraccia ogni malattia concepibile.

È pomeriggio, sto per uscire, e mi appresto a esplorare la libertà, che potrebbe essere l'assenza stessa o persino la felicità dell'incontro con la morte! Non devi crederci, pensa che i beni siano condivisi da tutti e che l'ambiente sia estremamente vario, ricco e vivace, con una miriade di colori. La domanda è chiara all'arrivo e alla partenza, ma il male e la bruttezza sono dei tratti che vanno oltre la sfera individuale. Rimaniamo chiusi in un ciclo infinito, in cui una sequenza di eventi si ripete costantemente, e quando si verifica qualcosa, la soluzione è puramente retorica. Sarò davvero felice solo quando incontrerò una persona capace di riconoscere l'infezione nelle parole e nelle azioni delle persone. Dobbiamo badare costantemente alle nostre idee, in particolare alle occupazioni, sembra che siamo sempre soli, mentre il mondo intero si trasforma in un contenitore di persone. In questo mondo istituzionale, il ricordo mi rapisce mentre mi trasferisco in un sistema solare o lunare alternativo. Il mondo è un sogno che si realizza, ma la realtà sembra avere una grafica di qualità inferiore rispetto a quella reale, eppure continuiamo a essere osservati costantemente.

Quello che vediamo non è un sogno, ma piuttosto un'esplosione mai dichiarata apertamente, eppure sembra impossibile discutere di questa questione, che i poteri avrebbero commesso, e mi auguro ardentemente che questo tabù venga abbattuto. Non devi parlare, è vietato menzionare l'infezione, e addirittura dichiarare che il male sia in realtà una benedizione travestita. Anche io credo in un profondo e duraturo sconvolgimento dei sensi. Vorresti un caffè? Sono costantemente indeciso se vivere davvero la mia vita o abbracciare un'esistenza alternativa che non ha nulla a che fare con la realtà. Devo aspettare costantemente, riflettere sul trascorrere delle ore e dei giorni.

Concedersi e concedere doni, acquistare oggetti anche se di poco valore... cosa ti è successo? Ti ha conquistato il male, o continui a lottare? Non avere fretta, ti hanno già rubato un istante, vivi la normalità in un mondo che è cambiato da tempo. L'omicidio continuo, un'epidemia inarrestabile, una brutta piega che è l'incapacità di essere presentabili. Qualcosa ho scoperto, c'è un tempo, un ambiente diverso, una risorsa, e la ricerca è sempre la strada da percorrere. La vita è breve come l'acqua nel deserto, e i tempi morti sono ciò che è male.

10. Il Nostro Ruolo nell'Universo

Confessare: il reo ha proferito le sue parole! Chi vorrebbe rimanere eternamente imprigionato in questo abisso tenebroso, come se fosse privo di una ricompensa per la propria esistenza? Svegliarsi dal torpore, capaci di comprendere il corso naturale della vita e del futuro. Occorre chiudere il passato per percepire il presente e proiettarsi verso il futuro. I traditori agiscono come virus, infettando la propria essenza, intrappolandola in una rete umana. Sussurrò: "Non mi lasciare finché tutto non sarà finito".

Ci si trova in un luogo di cura, anche se non è opportuno rivelarlo, perché chi osa ribellarsi viene soppresso. Come si può evitare di esplodere? Forse è stato l'infezione stessa a infiltrarsi, rubando le nostre identità per manipolare i nostri affari? Spegniamo questa fiamma, per favore. L'iperbole è il primo passo verso il bene, uscendo da quel quadro, l'intreccio di due o più spirali, due o più realtà in cui l'infezione dimora. Questa combinazione crea un vortice di anime, una seconda nascita, plasmando schemi di idee estinte e pensieri perversi da debellare. In effetti, tali pensieri possono contribuire, proprio come i rifiuti che il rottamaio trasforma in oggetti preziosi. Solo chi opera secondo le regole è ben accetto! E poi si parla in silenzio, come fiamme che danzano sulla cenere.

Il deserto è un rifugio comodo per evasori fiscali e truffatori, una sorta di misterioso caos che attende di essere scoperto. Basta osservare... osservare... sì, solo osservare. Si sa discriminare tra l'alto e il basso? Certamente, ora tutti siamo dotati di un'istruzione superiore. Cosa non si studia non si riesce a comprendere. Il bene è così inaccessibile, o almeno non si riesce a pensare a un sinonimo accettabile in questa società. Nel mondo reale, la verità non è accolta, solo il falso è valorizzato al punto da sembrare reale. Ci si sente divorati da rapaci, si trascorrono le giornate in questo ciclo infinito che ci viene presentato come quotidiano, nel cuore delle istituzioni e degli affari, l'infezione prospera.

Lo sconvolgente è come questa realtà passi inosservata nella mente, mentre ogni esperienza personale è comparata alle altre. Si vive in un universo in cui nulla sembra realmente eccezionale. Ogni cosa sembra derivare da un luogo comune, come se esistesse solo in una dimensione, eppure ci sono luoghi che non esistono ancora, destinati al futuro, eppure si rimane gli stessi.

La misericordia è così vasta che il denaro appare insignificante; le risposte giungono spontanee quando si chiede, ma non conoscere l'infezione rappresenta una realtà più che un orrore. Chiunque ci sfidi è per definizione malvagio, e ciò che accade successivamente è tutto ciò che conta, non l'epilogo o il tempo che trascorre prima, durante o dopo l'azione. L'eccezione è una luce intensa che si muove a una velocità più lenta, nulla scorre con maggiore fluidità del tempo, il mondo è completo, nulla manca, eppure si continua a lamentarsi di non trovare nulla né nessuno.

La vita è il primo punto di presenza, ciò che è rilevante nella legge vera continua a esistere, nonostante il vivere nell'infezione. Si vorrebbe comprendere cosa ci impedisce di raggiungere la meta, forse si sa, ma sembra troppo banale. È come se coloro che desiderano il bene debbano impazzire, ma la negazione del bene non è attribuibile allo Stato o a qualche sorta di fascismo, c'è molto di più al di sotto della superficie, non c'è bisogno di nascondersi per credere in Dio, non fare così, non si morirà. Si disapprova la cultura che abbraccia tutto, accogliendo ogni cosa, come se l'infezione avesse valore tanto da sembrare vero. Siamo divorati da predatori alati, giorno dopo giorno, finché non riprende il ciclo, mentre l'infezione prospera nel cuore delle istituzioni e degli affari in generale.

L'infezione è altamente trascurata, come se fosse un'ombra nel pensiero, non è normale. Che cosa rappresenta un'esperienza personale in confronto alle altre? Vivere è un'aspirazione in tutto ciò che è in corso, una realtà così preziosa. Il mondo sembra concepito in modo da portare la nostra esistenza in un luogo comune, come se esistessimo tutti nello stesso spazio, anche se nessun nome o documento ci è stato attribuito dagli Stati. La caduta! È un gioco proibito, ciò che non possiamo dire, potrebbe rivelarsi la chiave per scoprire il bene o l'infezione. Il divieto è talvolta letale. L'infezione va sconfitta immediatamente, senza attendere il domani, come sanno i più astuti. Ma, in ogni caso, apri una finestra su ciò che è reale. Il bene è sempre più forte, non confonderti, i mali sono dei ladri che rubano le identità. Ogni azione può rappresentare una vendetta o una reazione a un'azione, poi, potrebbe rivelarsi un paradiso di assicurazioni. Ti interessa notare che nulla è impossibile? Il potere di un bene, una volta scoperto nella sua evoluzione più basilare, ti consentirà di superare qualsiasi Stato o istituzione ancora in vita. Ciò che affermavo è che siamo tutti istituti, istituzioni, programmatori, con diverse variabili che contribuiscono a creare un unico concetto che va oltre la matematica. Noi non siamo mai esistiti, l'infezione non è mai chiara, poiché tutto è celato e nascosto come se l'esistenza di un bene o di un male insieme fosse impossibile. La vita si evolve drasticamente quando vista sotto questa luce, mentre la libertà, dopo il purgatorio, diventa una prospettiva attraente, al punto da rendere il bisogno.

Esiste una soluzione per ogni problema, poiché tutto esiste. Stranamente, sembra che la difficoltà risieda nel non trovare nulla, come se il resto fosse impossibile. La morte è fattibile, tutto il resto è parte dell'insieme. È il risultato di un'intera vita! Esisti, operi e ti confronti costantemente con le credenze altrui, diventando un risultato che è molto più che una semplice funzione. Eppure ridiamo. Nessuno ha ancora considerato quanto sia semplice la soluzione, nascosta dietro la prospettiva di saltare sulla Terra anche solo per morire. Sinergie, un essere produttore di qualsiasi sostanza, ma perché dovrebbe funzionare? Come una versione più complessa, una linea retta, una prospettiva moderna o ciò che è stato replicato.

In questo mondo, chi è il padrone? Il dominio o il controllo? Il falso è conosciuto, regolamentato, nazionale, ormai defunto, ma affascinante per quei disegni a dir poco illegali. Nel silenzio assoluto c'è un bene, ma di solito sperimento un costante e assordante rumore di fondo durante la giornata, perché la mia mente è divisa in diverse parti della rete, mentre l'infezione risiede nel pianeta, con un suo indirizzo.

La verità è un centro arido e anarchico, un passo avanti nel tempo, una presenza nella mia mente, un impegno costante per raggiungere una percentuale del

99,97%. Nel silenzio, sto molto in alto, se tale stato di coscienza può essere chiamato "partito". La fede nel male risiede nell'errore, è il fascismo tradito. L'aria fresca è un segno di appartenenza al bene, e il sangue non rappresenta alcun tabù, le oggettività ritornano sempre, poiché necessitano di un ritorno, proprio come le persone.

La malattia è onnipresente, è quasi un regime fascista assoluto, sopra le nostre buone case e le nostre idee, nulla è dichiarato, come se un virus fosse stato installato nel nostro software personale, di cui nessuno è a conoscenza o che nessuno vuole svelare. Anche se la soluzione potrebbe essere ovvia ed obsoleta, c'è ancora chi si ostina a nasconderla. L'ascesa non ha valore in questo mondo senza aver scelto un bene in cambio di un bene o un male in cambio di un male.

Ho visto luoghi in cui tutto è pervaso dal male, talvolta anche all'interno, un'assoluta separazione dalla propria essenza. È sufficiente imparare a evitare la morte e a cancellare le memorie di un bene in mezzo alle tenebre dei mali. Dobbiamo pensare alla distruzione del male e a come realizzarla, sciogliere l'inganno svela la verità, la natura, l'evidenza, la normalità. In questo periodo, dobbiamo riconoscere che siamo caduti in una trappola, una realtà che ci tiene prigionieri. Il fatto che ci teniamo tiene, e io ho visto cosa è successo, le azioni delle persone e la loro identità. La terra è un ornamento nella vita umana.

11. Sfide sul Cammino

Le probabilità di questo universo sono il destino, cosa è reale se nel suo nucleo è immaginario? L'azione del presente è la conseguenza del futuro, la creazione di oggi è il mistero del domani, l'infinito si svela nel futuro, la resistenza di un individuo prospettico, un ambiente in cui le persone sono già state ma rimangono nel presente. Dopo il superamento del male, sorge il bene; la gentilezza conduce alla bellezza, una variabile opzionale come la cura di una malattia.

Tutti sfrecciano davanti a noi come entità eteree, ma non possiamo sottrarci al loro influsso. Talvolta, il mondo gira incessantemente fino al momento del riposo. È essenziale solidificare la pratica, fornire una cornice, forse persino un nome, se così si richiede. È preferibile contemplare il bene come una forma di vita complessa e degna di studio. Siamo opere d'arte da coltivare, tuttavia spesso ci cementiamo, ci si ricorda di ciò che eravamo. Non ho intenzione di impartire lezioni a nessuno, ma sto scrivendo a proposito di una sconcertante cecità che insidia la vita quotidiana in generale.

Rilassati, è difficile da spiegare; il mondo è mutato, ti prego, bevi qualcosa. Questa realtà sembra divergere da ciò che ci hanno fatto credere. Non voglio approfondire il tema in questo momento. Per esempio, la luce solare non è forse la luce normale del sole; ci sono presenze esterne, spiriti, esseri viventi mai precedentemente percepiti. Questi elementi ci costringono a ritenere che nulla esista se non la luce e gli individui riconosciuti dai documenti ufficiali. Questa confusione rischia di minare il concetto di Dio e il suo sacro significato. Sorridi, sono simili a bambini che impartiscono ordini, se non dormi, sarai punito. Dovresti preoccuparti costantemente di ciò che accadrà nelle prossime tre ore.

Danzare è la prima espressione di libertà dopo l'istruzione, la parola potrebbe essere fuorviante, ma pochi denunciano il male, come se il bene non esistesse. Pertanto, tutto sembra normale, ma in effetti rappresenta la situazione più disagevole. Immagina il mondo come una meraviglia frutto di secoli di sforzi umani, mentre l'arte, in un capriccio iniziale, ha svelato la sua vera essenza.

Solo Dio contempla la luce del sole, ricordati di questo. Come può un uomo assorbire l'intero mondo senza proferire una parola? Dev'essere incredibilmente resistente, quasi atletico. In verità, sono già passato, come tanti altri. Quando ci ritroviamo carichi di problemi, l'infezione ci avvolge come un mantello, una prigione solita. Pare che in queste circostanze, le coperte siano particolarmente apprezzate. Per chi è chiamato a compiere l'infezione, si consiglia di resistere, di resistere sempre. Ho visto il mondo in molte fasi, con tutto l'infezione circostante e dentro di noi. Ho imparato la pazienza necessaria a far sparire quella macchia immensa. È assurdo come viviamo. La scoperta, credo, condurrà alla fine del mondo. L'ignoranza era solo una malattia, la putrefazione degli anni trascorsi, il degrado e le rovine di un mondo in agonia.

Le nostre azioni non sempre ricevono giusta ricompensa, siamo spesso scambiati per altri, e le persone nutrono pensieri nefasti. Lo Stato esiste per proteggerci e provvedere a noi, ma forse dovremmo assumerci le nostre responsabilità e ripristinare il senso di legalità nel silenzio. Esamina il quadro, cerca quantità e qualità per ricomporlo come un puzzle. È solo questione di tempo, non di bellezza; basta poco per rappresentare la realtà. Il tempo è un prezioso alleato, come la rimozione della gioventù. Il mondo delle sofferenze deve essere sepolto. Il mondo scorre sotto di noi come un fiume, un bene incomprensibile, in cui nessuno osa contestare l'ovvio. L'infezione che queste persone malvagie desiderano sembra incomprensibile.

Mi sono smarrito solo per una serata, ma nulla sembra normale. È come uno scherzo o una distrazione. Bah! È sera, ma quante idee possono scaturire in una giornata? Tuttavia, ora sembra che non ci sia un programma da seguire o un tasto da premere. Oh, sì, farò tutto da solo. Sembrano presentarsi arcobaleni di possibilità, ma nessuno sembra coglierli. Dicono che altrove siano stati pagati, e ora sono nel loro ambiente. Ma cosa è questa faccenda? Forse è l'emblema del nulla, simile all'odio e ai suoi enigmi. So che un giorno questo pasticcio mi frutterà denaro. Quindi niente di colorato, solo il bisogno di ripetere in questo oceano di vacuità. Sta per esplodere il mare o forse sarà la mia fine? Seppellire il futuro... mi fermo per il momento, sembra che abbiate molto da discutere. L'estirpazione del male causerà un dolore insopportabile, ma è necessaria come la nascita di un vitello. Queste serate primaverili sono meravigliose, le giornate si allungano e ci rimproveriamo per tutto ciò che non abbiamo fatto durante l'inverno.

Il contrario di ciò che pensiamo è una follia che comanda. Non ci credi? È come una lotta costante tra gli artisti, ognuno ripete incessantemente la stessa storia. Anche l'infezione è una ripetizione di eventi, intenzioni ed idee. Alla fine, la superficie del pianeta sarà consumata. È per questo che l'infezione deve essere eliminata.

Se qualcosa non trova il suo giusto posto, non lo comprendiamo a fondo. Ciò che resta non è nient'altro che un abuso dei soldi. Ci sono molte falsità che ci sovrastano. Il pensiero è un inganno. Le persone diffidano persino dei loro pensieri liberi, e forse mai ammetteranno l'esistenza dell'infezione, senza rendersi conto che colpisce anche il bene. Perdere tempo è una pratica futile. L'infezione può offuscare la mente, ma può essere ripulita con un minimo di manutenzione. Forse vivremo per sempre, ma questa non è la soluzione finale. Nella mia visione, cioè nella nostra città, l'infezione è evidente. Non può più nascondersi. Dovremmo accettare tutti gli aspetti di noi stessi, non sprecare tempo e avere le carte giuste in mano, con tempo a disposizione.

Il male è un paradiso terrestre, ci sarà una ricompensa, e spero che tutto funzioni per il meglio. Bisogna superare tutti i narcotici per raggiungere uno stato costante di allucinazione, ma con la consapevolezza che apparteniamo a questo mondo. Dobbiamo superare ogni stato emotivo per ottenere chiarezza mentale e usarlo a nostro vantaggio. Non dovremmo vantarci, ma dovremmo brillare con la nostra luce. Il caos e l'ordine coesistono, tutto sembra disperso davanti a noi. La legge è l'illuminazione. Sento di vedere con chiarezza, e spero di vedere ancora meglio. La luce del lampione rivela la verità. Ciò che rimane è il paradiso, senza distrazioni esterne, solo il mondo e le anime defunte. Chiunque ci privi del bene sta commettendo un errore, poiché le regole stabiliscono che dobbiamo soddisfare i nostri doveri verso gli altri prima di godere dei propri piaceri. Molti sembrano delle marionette, ma un giorno si libereranno, se avranno l'opportunità di essere liberi.

Ricordati che c'è sempre una strada da seguire, ce l'abbiamo dentro di noi. Dovremmo rallentare e cercare di evitare il male. Gli equilibri saranno ripristinati, le promesse saranno mantenute. Dipende da ciò che vediamo di fronte a noi. Le prospettive sono limitate. Sembrerebbe che non ci sia più spazio in questo mondo, e ci ritroviamo tutti insieme in un luogo in cui possiamo aprire gli occhi.

Qualcuno dovrebbe dare il via a una nuova era, riconoscendo queste entità che rimangono in gran parte nascoste. Se solo fosse possibile saperne di più. Questa società è come un terreno fertile per il futuro, ma in realtà siamo noi a essere il terreno su cui costruire il nostro avvenire. Significa che dobbiamo rinascere, e per farlo dobbiamo lottare per sconfiggere l'infezione. Dobbiamo agire, altrimenti la macchina della vita smetterà di funzionare. Le prospettive sembrano limitate, ma forse c'è ancora speranza.

La luce è una chiave essenziale per sfuggire a questa magia oscura, per funzionare al meglio. Dopo di ciò, sarà sempre meglio, ma temo che cancellare la fine sia impossibile. Presentati con oggetti di valore e con la tua abilità artistica, non permettere a nessuno di privarti della vita. La città è un'oasi di pace, e penso che vivere lontano da essa sia impossibile. Dovresti uscire e vedere la realtà per quello che è. L'altro giorno ho assistito a un incidente mortale e ho rinunciato alla palestra. Nessuno dovrebbe mai vivere male per nessun motivo, sia esso un momento storico o altro. Sembra che siamo prigionieri in un inferno terrestre, con l'anima libera in paradiso, ma con una mente tormentata. Dobbiamo accettare noi stessi integralmente, non perdere tempo e avere le carte giuste in mano. Forse un giorno riusciremo a vedere oltre l'orizzonte, oltre la superficie della realtà. Il tempo è un amico fedele, come l'eliminazione della giovinezza. Il mondo dei mali deve essere sepolto. Tutto scorre sotto di noi come un fiume, un bene incomprensibile in cui nessuno osa discutere l'ovvio. L'infezione sembra inspiegabile, causato da individui malvagi.

Mi sono smarrito solo per una serata, ma ora niente sembra normale. È come uno scherzo o una distrazione. Bah! È sera, ma quante idee possono scaturire in una giornata? Tuttavia, ora sembra che non ci sia un programma da seguire o un tasto da premere. Oh, sì, farò tutto da solo. Sembrano presentarsi arcobaleni di possibilità, ma nessuno sembra coglierli. Dicono che altrove siano stati pagati, e ora sono nel loro ambiente. Ma cosa è questa faccenda? Forse è l'emblema del nulla, simile all'odio e ai suoi enigmi. So che un giorno questo pasticcio mi frutterà denaro.

Quindi niente di colorato, solo il bisogno di ripetere in questo oceano di vacuità. Sta per esplodere il mare o forse sarà la mia fine? Seppellire il futuro... mi fermo per il momento, sembra che abbiate molto da discutere. L'estirpazione del male causerà un dolore insopportabile, ma è necessaria come la nascita di un vitello. Queste serate primaverili sono meravigliose, le giornate si allungano e ci rimproveriamo per tutto ciò che non abbiamo fatto durante l'inverno.

12. Crescita Personale

Io sono un ente conscio, in un mondo in cui la pace è un concetto di incommensurabile importanza. La prospettiva di intraprendere un cammino nel male è un pensiero terrificante; preferiamo accettare la realtà che ci circonda, con tutte le sue sfaccettature. La comprensione, tuttavia, è chiara solo fino a un certo livello, mentre il bene appare come una realtà concreta e tangibile, diversamente da quanto potremmo pensare. Al contrario, l'immaginazione può talvolta sembrare priva di concretezza, addirittura malvagia.

Nel corso della mia esistenza, raramente mi sono concesso di "cadere", o, per meglio dire, mi sono permesso di cedere alle tentazioni che l'infezione potrebbe porre davanti a me. Affermare che io abbia "creato" l'infezione sarebbe inesatto. La storia del mondo ha proseguito il suo inarrestabile corso, e nessuno si è fermato nel suo fluire incessante.

Tuttavia, nel tempo, l'infezione si trasforma spesso nell'orrore stesso, o addirittura in individui malvagi. Nel futuro, potremmo non essere in grado di riconoscere ciò che un tempo consideravamo l'infezione. Mi ritrovo a preferire una vita senza eccessi, senza fronzoli inutili, in cui solamente il corpo riveste importanza. Tuttavia, è fondamentale ricordare che, se chi guida la macchina (la nostra vita) non è in grado di farlo in modo adeguato, nulla funzionerà.

Spesso, le discussioni si insinuano abilmente tra i temi filosofici e politici, ma alla fine, emergono come un dono che abbiamo ricevuto fin dall'infanzia. La differenza sta nel fatto che il fascismo è considerato uno dei nemici più temibili mai creati, ed è difficile immaginare qualcosa di peggio, poiché è stato trasformato in un governo da parassiti, amici e, purtroppo, esseri umani. Siamo schiavi della nostra immaginazione, e spesso ci fa del male. Possiamo persino definirlo come un "fascismo fittizio," ma lasciamolo stare. Inoltre, meritiamo compagnie migliori.

Il mondo è profondamente diverso da come appare oggi, e il futuro detiene già il presente, ma la memoria ci svelerà ciò che abbiamo fatto. Aspettiamo la fine del mondo con serenità, non dovremmo temere le cose più grandi; spesso sono le più belle e non ci faranno del male.

In molte discussioni di natura filosofica, le nozioni di bene e male emergono come argomento centrale. Tuttavia, spesso si rivelano solo un pretesto, poiché le interazioni umane in rete spingono le persone a prendere posizioni riservate. Ma dato che la comunicazione è principalmente di natura scritta, le possibilità sono infinite. Dobbiamo imparare a fidarci della matematica, a credere in noi stessi e a osare volare senza paura di spegnere nulla. Il potere delle decisioni e la libertà che si nasconde nell'arte ci guideranno nel nostro cammino.

Quando entriamo in una situazione già conosciuta, diventiamo parte di essa, come uno tra gli altri. Il potere si acquisisce attraverso l'immagine o l'appartenenza a una comunità. Dobbiamo stare attenti alle trappole e al vuoto mentre torniamo a casa. Risvegliamo il Sole, poiché la cecità delle masse non è un'illusione. Chiunque auspichi il male è affetto da problemi interiori; ciascuno di noi ha una sola occasione in questa vita, e la futilità è solo un dettaglio sottile.

Il male deve essere sconfitto, la resistenza è fondamentale per costruire su basi solide. Il futuro ci costringerà a eliminare ciò che è superfluo, sotto molteplici punti di vista. Possiamo dipingere un presente che si discosta dalla percezione comune della vita. Il comunismo rappresenta la ricerca di una pace personale più ampia, ma talvolta sembra che stiamo vivendo in un sogno. In ultima analisi, tutti noi incontreremo la morte, e ciò vale sia per chi si colloca a destra che per chi si trova a sinistra. L'infezione tratta tutti allo stesso modo: distrugge. Non dovremmo accettare una disfunzione permanente nella società che ci circonda, ma piuttosto, dovremmo cercare di cambiarla radicalmente.

Ci sono coloro che sperano in una pace priva di conflitti, ed è una prospettiva possibile. Possiamo paragonarla a una persona seduta davanti al computer che svolge normali attività quotidiane. Dobbiamo tenere a mente che il potere completo appartiene solamente ai potenti, chiamati così nella nostra società, mentre l'idea stessa del bene appare insensata, come affermare che la nostra unica prospettiva sia quella della morte. Ogni luogo ha la sua strada, e non esistono punti di riferimento al di fuori di noi stessi. Molti tesori rimangono nascosti da migliaia di anni, ma ora dobbiamo fare attenzione a non essere devoti a persone singole. Nel futuro, diventeremo singoli, ci semplificheremo. Dobbiamo porre fine a questa lotta, liberarci dalla confusione e cercare la soddisfazione personale in maniera equa. Pensiamo a quanti eventi possono accadere in una sola giornata; aprendo la finestra, possiamo vedere la luce.

La memoria è più di una semplice narrazione; è il frutto della nostra esistenza. La vita è ciò che è vivo, e spesso non lo decidiamo noi, ma ciò che siamo immersi in essa. La vita è solo una maschera, uno schema, e dobbiamo compiere alcune azioni. In pace, e diamoci una sveglia per vivere meglio.

13. L'Infinito Mistero della Vita

Nell'oscurità profonda dell'abisso, la serenità si presenta come un enigma avvolto in mistero; forse è più saggio accontentarsi di ciò che già esiste. La nozione stessa del bene rappresenta una realtà concreta, spesso distante dalle elucubrazioni dell'immaginazione. L'immaginazione, a volte, si maschera come una via per il male, una realtà che sfugge alla sua propria essenza. Io, per la maggior parte del tempo, resisto alle insidie del male; potrebbe sembrare che queste tentazioni siano da me generate. Il mio cammino non conosce soste, mentre la storia prosegue inesorabilmente nella sua marcia.

L'infezione, anche se muta forma nel corso del tempo, è sempre lo stesso orrore intrinseco, un mistero avvolto in un futuro ancora sconosciuto, un futuro che nessuno di noi è ancora in grado di concepire. Personalmente, prediligo vivere una vita senza il peso di corone superflue e gli inutili ornamenti, concentrando l'importanza unicamente sul corpo. Tuttavia, è cruciale ricordare che se chi guida la macchina (la nostra vita) non è in grado di farlo in modo adeguato, allora nulla funziona.

In modo subdolo, emergono tematiche di natura filosofica e politica, ma ciò che emerge è un dono che abbiamo ricevuto fin dall'infanzia. La distinzione tra bene e male è ampia; il fascismo, il nemico più grande mai forgiato, permea l'immaginario collettivo. Siamo schiavi della nostra stessa immaginazione, subendo le conseguenze delle scelte errate. Il fascismo potrebbe essere considerato come una manifestazione del male, ma in molteplici sfaccettature. Lasciamo quest'ossessione da parte, mentre permane la necessità di una compagnia migliore.

Il mondo è in profonda trasformazione rispetto alla percezione odierna, e il suo destino è già tracciato. Il futuro detiene il presente, e ulteriori riflessioni verranno condotte alla luce della memoria. Attendiamo l'apocalisse con serenità, senza timore delle sfide più grandi, le sfide più affascinanti, che non ci temono affatto.

I dibattiti di natura filosofica si focalizzano sull'essenza del bene e del male, spesso trasformandosi in un pretesto, poiché l'interazione umana online spinge le persone a prendere posizioni riservate, al di fuori del dominio pubblico. Date le comunicazioni in gran parte scritte, le possibilità sono infinite. Dobbiamo fidarci della matematica e osare alzare il volo senza paura di spegnere nulla. Il potere delle decisioni e la libertà che l'arte ci offre sono le nostre guide nel cammino.

Penetriamo in un software già conosciuto, diventando parte integrante di esso, un tutt'uno, acquisendo potere attraverso l'immagine o l'appartenenza a una comunità. Dobbiamo stare vigili contro le trappole e gli abissi lungo il nostro cammino di ritorno. Riportiamo in vita il Sole, poiché la cecità delle masse non è un'illusione. Chiunque auspichi il male è affetto da turbamenti interiori. La vita ci è concessa una sola volta, e la futilità è soltanto un dettaglio sottile.

Il male deve essere debellato, e la resistenza è necessaria per costruire solide fondamenta. Il futuro ci costringerà a eliminare ciò che è superfluo da diverse prospettive. Possiamo dipingere un presente che si discosta dalla percezione comune della vita. La vita è come una giornata, e noi la condividiamo.

Il mondo è stato trasformato da noi, ma spesso ci rifiutiamo di accettare questa evidenza. Cosa custodisce lo Stato? Non possiamo dirlo con certezza, ma spesso ciò esplode in volto come risultato inatteso.

In questo mondo, il bene è proibito, una follia che condanna all'inerzia, eccetto che alla morte. Una via si troverà, perché ogni luogo ha la sua strada. Gli altri non sono punti reali, solo il tuo percorso ha valore. Molte cose possono accadere in un solo giorno. Apro la finestra; la sostanza per una nuova vita è già a disposizione.

Ricordiamoci che debellare il male richiede un cambiamento radicale o la graduale eliminazione del male stesso. Non dobbiamo accettare un malfunzionamento irreparabile nel tessuto sociale che ci circonda.

Qualcuno auspica una pace senza spigoli, ed è possibile. Può essere paragonata a una persona qualunque con un computer che svolge attività normali comodamente seduta.

14. Continuare a Imparare

Il tempo, un'entità inestimabile, scorre incessante, e ogni istante rappresenta una risorsa di inestimabile valore. Mi dedico con cura al mio sviluppo e alla mia crescita personale, poiché il miglioramento di me stesso è la chiave per stabilire connessioni più profonde e significative con gli altri. Vivere e comunicare sono aspetti fondamentali della mia esistenza, e mi sforzo costantemente di evitare l'alienazione, di non portare estranei corpi o esistenze che siano separate da me. In un mondo in cui si discute di stabilire una struttura legale o statale moderna, sembra che molti esitino a prendere l'iniziativa, forse a causa di molteplici nomi che sfuggono al controllo.

Un mio costante interesse è sempre stato rivolto all'informazione e alla conoscenza; ritengo che nessuno debba esimersi dal proprio dovere, poiché è attraverso il compimento del dovere che acquisiamo la comprensione del presente. Come potremmo negare l'esistenza stessa del male o considerarlo come una pura entità immaginaria, quando spesso lo accogliamo nelle pieghe delle nostre vite? Le complesse dinamiche tra le idee e le interazioni tra corpo e mente sono esperienze umane profonde e intricatamente connesse, che non possono essere trascurate o sottovalutate.

Il male può essere affrontato in varie modalità e come individui, ciascuno di noi ha il potere di fare la differenza. Tuttavia, la vastità e la complessità del pensiero umano spesso portano a confusione, generando disagio sia all'interno di noi stessi che nell'ambiente circostante. In questo contesto, nessuna legge o medicina può risolvere completamente questo problema. Il tempo stesso è una nozione ambigua, un concetto che può scorrere all'indietro, trasformandosi come il pomeriggio, apparentemente fermo o addirittura svanito.

Dare un nome a un'esperienza non equivale sempre a incanalare tale esperienza in schemi noti, poiché un'azione può farci precipitare in un vuoto, nell'oblio o in un'obliquità temporale, mescolando le carte con coloro che rappresentano il male. Nessuna forza può perpetuare l'infezione all'infinito senza confluire in uno stato di stasi. Tuttavia, nel contesto delle questioni finanziarie, l'infezione può manifestare un impatto significativo. Dovremmo evitare di degradare gli individui, in quanto, alla base, ogni persona rappresenta un bene. Anche se in apparenza frammentati, il trascorrere del tempo ci ricostruisce, ci rimodella. Alcuni individui, tuttavia, sembrano vacui e si intrecciano in una rete che rappresenta l'infezione, sempre con la stessa natura.

Nell'attuale epoca, siamo spinti a compiere gran parte delle attività autonomamente, inclusi il catasto e il registro; dobbiamo costruire noi stessi ogni struttura vitale e adattarci a una mentalità "fai da te". Il concetto di bisogno si manifesta in molteplici sfumature, talvolta assume proporzioni trascurabili e può persino comportare conseguenze dannose. Il bisogno è un gioco di scala, una dinamica tra la natura libera e le varie sfumature del benessere. Le complicazioni che emergono sono in larga misura frutto dell'azione umana, e sebbene possano svanire nel futuro, rappresentano una forma di decadimento della vita che non dovremmo né adorare né sottostimare. Tradire se stessi equivale a un malessere, un processo che trasforma tutti gli altri individui in beni falsi che si danneggiano reciprocamente, rappresentando una denigrazione cristiana.

Immagina il vasto numero di individui che ci circondano; sono così vicini a noi da non poter mai essere ignorati. Ciascuno di loro possiede il proprio potenziale, ma alcuni, purtroppo, si restringono a una sfera molto limitata del proprio ingegno. Questi individui massimizzati, con la loro lobotomia, utilizzano il loro potenziale limitato per perseguire i propri obiettivi. Un bene autentico rappresenta un interesse superiore, che può essere dichiarato pubblicamente o reso uno standard statalizzato. Gli "optional", gli extraterrestri, gli extrasensoriali, le macchine o i computer: chi detiene il diritto di esprimersi? Il passato è un tesoro luminoso, la cosa più preziosa che possiamo custodire. Siamo veramente liberi solo in un momento, mentre tutto il resto sfuma in un secondo piano. Dovremmo evitare di trarre conclusioni affrettate, poiché la vita è ciò che rimane, e la brutalità, anche in solitudine, può rappresentare una questione spesso trascurata. Ciò che è certo è che non possiamo sfuggire indefinitamente dal nulla. Tuttavia, una via d'uscita è sempre presente in ciò che vediamo: la bellezza e il risultato. La matematica, in prima istanza, è ciò che ci solleva dall'oscurità delle nostre grotte interiori, ma è anche l'affetto, gli impatti esterni e, soprattutto, le scelte giuste che ci conducono al di fuori di esse. Il denaro rappresenta il flusso vitale, e la scelta di evitare percorsi illegali è innanzitutto una questione di sicurezza.

15. Un Nuovo Giorno Sorge

Tutto era un intricato tessuto del pensiero, un'opera d'ingegno, mentre per il resto ci lasciamo guidare. La questione dell'agio riguarda la distribuzione dei vestiti ma, in alcuni termini, questa è una questione trascurabile. Dovremmo evitare di ripetere costantemente le stesse cose; è forse necessario studiare le complessità della vita per raggiungere il benessere umano? Ci inducono spesso a credere di essere giunti alla perfezione, ma cosa rappresenta veramente la perfezione? Forse è solo un'immagine tra molte, una mancanza di associazione in un vuoto. Potremmo creare uno slogan per tutti, basato su una visione comune dell'essere moderno, ma esiste la necessità di speranza, di un software che possa funzionare in background come una sicurezza. Questi attori entrano in scena con una scusa, ma in realtà cercano di eliminarci. Abbiamo bisogno di un'iconografia del male che si manifesta oggi. La posizione può essere cruciale, ma ciò che serve soprattutto è un aiuto. Le persone sembrano spente, come se le persone viventi fossero tutte simili, come se non fosse ciò che conta veramente. Un futuro assicurato è una chiave, ma quale futuro sta arrivando oggi?

Gli artisti addossano la colpa a quel freddo maledetto, ma di chi è davvero la colpa? Dove si trovano queste persone, come sono fatte? Io le ho trovate, dicono di dimenticare e andare avanti, ma sono solo prigionieri. Sono i primi testimoni del bene, gli altri... lasciamo stare queste gabbie. Solo la concretezza illumina i miei occhi, accendo una sigaretta. L'ostinazione fa parte del mio carattere. Ho sperimentato un momento di improvvisa confusione, ma potrebbe essere definito anche come un passaggio nella parte superiore dell'anima dell'inferno, proveniente da qualsiasi parte del mondo come una creazione dell'umanità, nascosta. In verità, è stata una mia trovata personale, un gioco intrigante. A volte è preferibile stare davanti a una stufa senza fare nulla.

Il mondo intorno a me è atrofizzato dal male, e non possiamo comunicare con persone così limitate. In generale, credo che in molte istituzioni non sia stata compresa l'importanza del bene. La sorte, la fortuna, la disgrazia, o forse il bisogno, spesso non sono presi in considerazione. Come se trascurassimo una gallina dalle uova d'oro, lasciamo perdere. La nostra posizione personale sembra essere coinvolta. Le persone sembrano dover subire o adeguarsi, ma in realtà, tutto ciò che ci accade doveva accadere. Sorge un dubbio: erano passaggi o forse un'opera completa?

Le parole "bene" e "persona" rappresentano il vero, ma gli effetti legati alle loro realtà si trovano in un istante. In quale punto si crea la storia? Un male ne reclama i diritti d'autore in una fase iniziale, ma l'operazione può anche avvenire al contrario. L'atto può ripetersi continuamente, e chi non conosce l'infezione subirà un furto garantito. Un male può essere un breve film che talvolta si trasforma in una lobotomia. Nel tempo, una persona può continuare nonostante i maltrattamenti e talvolta può persino diventare una malattia. Questo richiede spesso un software visivo, un'applicazione. La condizione in cui viviamo sembra essere statica, poiché il bene è un software semplice. Possiamo trascorrere anni a osservare, senza dubbio per tutta la vita. Non dovremmo restare immobili; vediamo dove è stato nascosto questo oggetto accecante. Le cose sono tutte confuse, ma fino a che punto possono essere sbagliate? Ogni cosa contiene la vita, che si consuma. Anche senza stile o forma, dobbiamo fare qualcosa. Un bene è diventato un male, una scintilla trasformata in uno stato di carenza per tutti. In realtà, un male succede tutti i giorni, a tutte le età, ma sembra normale, come se fosse parte della storia.

Il male è, in qualche modo, una novità, una malattia moderna che nessuno ha ancora affrontato, o almeno così sembra. Tuttavia, in realtà, esiste almeno dalla morte di Cristo. Al di là delle parole come "demonio" o "diavolo", quando siamo nati? Cosa puoi dirmi sulla tua età? Questo è un metro di misura personale. Sembra che abbia scoperto una verità nascosta, in realtà, lo Stato moderno è una realtà trascurata. Forse è governato da un male. Fuggire da queste gabbie rimarrà il nostro motto. A volte serve una grande forza per spostare un peso, mentre il bene è solo una questione di principi attivi. Chi percepisce sa che è inevitabile disturbare, e non comprendo come si possa accettare tutti i pesi senza fare differenze tra loro.

La lobotomia potrebbe rappresentare una pausa necessaria, considerando i pesi enormi che portiamo. Accendiamo il fuoco... e riflettiamo su ciò che ci hanno fatto. Apriamo gli occhi ovunque ci troviamo, ma pensiamo. Ancora oggi, le malattie sono adorate tra gli esseri umani, come quella voglia di superare il bene. In effetti, sembra che provenga da un'altra parte, ma nessuno ha già definito il male. Queste gabbie sembrano umane, uomini parassiti, vestiti addosso a noi, imprigionando il corpo e facendolo agire secondo la loro volontà. Vorrei condividere un segreto, ma credo che ognuno debba scoprirlo da sé: la luce. La lotta non è la pace; siamo stati ingannati su questo argomento. Siamo e non siamo, per questo siamo. Non tutti sono i nostri nemici; ci sono quelli buoni e quelli cattivi, gli amici e gli altri.

Il mondo è un luogo contraddittorio, risolto in modo strano e diviso tra il bene e l'infezione! Ho imparato che il bene sa di esserlo perché resiste contro l'infezione. Non ci sono punti di vista diversi, non esiste una conoscenza comune del male. Una questione importante riguarda la dichiarazione della posizione, non solo sociale. Ancora oggi, esistono falsi divari di peso e il denaro continua a svolgere un ruolo significativo. Con più soldi, puoi diventare quasi leggero, quasi bello. In realtà, dovremmo avere una visione globale di nazione o del mondo e considerare i livelli personali di agio e il potere governante. Quando una cosa viene detta, diventa quella cosa. Questa è la realtà di questi discorsi di indagine interna, ed è sufficiente per condannare a una vita di restrizione. Denunceremo le ingiustizie subite dal male. Ecco perché sento che se non mi muovo, starò male. Se mi muovo, vogliono eliminarci. Potrebbe essere meglio affrontare la morte, dato anche i futuri incerti. Iniziamo con le cose semplici, andiamo oltre la nebbia e le botte.

Uno Stato nel secolo moderno è insignificante; non abbiamo leggi attive. Ho chiesto e mi considerano uno zombie, abituato al male, senza speranza, senza direzione, solo un altro pezzo nel puzzle di questa società, un falso fascista per chi sa riconoscerlo. Non vedo i confini delle case e le migliorie sono state fatte, ma abbiamo sacrificato la proprietà comune per vivere meglio. Dall'età del 2500 a.C. ci siamo ritrovati in un villaggio globale, un rigetto che ci ha fatto perdere duemila anni di vita.

Il male trascorre molto tempo a farci credere di essere il contrario di ciò che siamo. Ho persino pensato per un breve periodo che fossimo noi il male. Penso a molte cose ogni giorno, ma quel mostro sembra esistere solo nella nostra immaginazione. Una soluzione potrebbe essere una guerra totale contro di lui, conoscendo a fondo il suo male e sconfiggendolo. Il mondo è al contrario, ma tutto è al suo posto secondo la volontà legale. Mi sembra solo una realizzazione di ciò che immaginiamo, come un sogno che svanisce quando ci svegliamo. Ma forse siamo su un pianeta in cui il bene era vietato. Non sopporto il fascismo, è stata la vera piaga per i puristi di questo discorso. La sua grandezza è sempre la stessa, simile a un falso fascismo, un'ostinazione che blocca il pensiero, soffoca la mente e uccide i sentimenti.

Il silenzio è spesso confuso con l'oscurità ed è una risorsa deturpata. Occorre sempre picchettare con decisione. Tutto si basa sul coraggio e mai sull'offesa. Avere una qualcosa significa anche averla avuta in passato, ma soprattutto possederla nel presente. Siamo esseri perfetti, tranne l'infezione. Questo sarà un argomento importante di discussione in futuro, come lo è oggi. Il tempo non è mai perso poiché il cervello lo assimila per respirare. Il mondo non è malvagio, ma esiste l'infezione. L'infezione può essere una reputazione negativa del bene. Penso che mi concentrerò su altre cose ora. Questa è solo un gioco, creato dall'uomo per essere ricordato.

Capire il mondo non è solo una questione di esistenza, ma anche di stranezza o di fuga. Quello che manca è ciò che ci è stato rubato. Forse è segreto, ma l'amore è una cosa certa. Il carcere non è una palestra. Dobbiamo essere uomini o donne del mondo per resistere a un mondo come questo. Nulla è duplicato, questa è l'aria malata, questa è la luce del male. Anche quando sembra crudele, è la sola legge. Ho capito perché nessuno denuncia, perché non è necessario. Girare una moneta ha sempre lo stesso valore, e i sogni di libertà sono stati soppressi.

Quante botte abbiamo subito, eppure non siamo soli solo in quei momenti. Non mangiare quando hai fame sarebbe un errore, ma se non hai fame, non hai uno stomaco, e senza gli occhi, senza sensi... soffriamo inutilmente. Tutto è senza senso, senza un motivo reale, o forse non possiamo parlarne. Sembra che vogliano eliminarci tutti. Siamo in una situazione senza speranza, e forse dobbiamo solo aspettare, o forse dobbiamo iniziare con le cose semplici. Qui non c'è nulla da rubare, e domani sarà uguale a oggi, fino alla fine naturale di tutti i mali della Terra.

16. Il Significato delle Parole e Oltre

Credere di aver errato, solo per scoprire che nei giorni trascorsi si nasconde qualcosa di molto diverso, è una condizione anomala. È come se una manovra nascosta avesse continuato a operare dietro le quinte, un pensiero scherzoso ma che porta con sé l'orribile idea che noi stessi contribuiamo alla nostra stessa dissoluzione. La verità appare come un fiume in piena, una forza impetuosa, e non una modesta sorgente d'acqua. La muffa non è corrosiva, ma l'ignoranza è come una caverna che ci imprigiona. Per evitare questo destino, dobbiamo studiare nel miglior modo possibile. Tuttavia, dobbiamo ricordare che c'è un limite, poiché la vita è limitata, limitata alla nostra stessa esistenza.

In questo mondo, ci sono persone che sembrano infinite e altre che sembrano finite, mentre alcune potrebbero semplicemente non esistere affatto. Chi sono questi individui? Toccare con i piedi per terra, continuando a camminare senza interferenze, o cercare di definire cosa costituisce la verità, può rivelarsi un'impresa complessa. Il mondo può sembrare falso, e forse è meglio crederlo tale. Non dovremmo mai guardare oltre senza pensare solo ai primi dieci minuti di un'azione o di un argomento, poiché questo rappresenta l'interesse principale della maggior parte delle persone. Camminare liberamente sulla terra e esprimersi può essere un modo per capire chi siamo e cosa costituisce la vera verità. Tuttavia, talvolta sembra che non riusciremo mai a raggiungere nulla oltre a uno stato di sonnolenza, quando vediamo persone addormentate in uno stato di veglia, e ciò è sufficiente per comprendere che non c'è nulla di più oltre a noi.

Questa è la verità: ci è stato negato tutto, e continuiamo a vivere in un mondo che non esiste. Dormiamo in pace, ma questa è una guerra in cui non tutto il bene è permesso. Che tipo di vita ci è stata concessa? Desideriamo una vita integra, non una vita sottomessa. Forse soffriamo di un dispiacere che proviene dalla constatazione che uno specchio non riflette solo l'arte, ma l'essere umano stesso. Non è vero che solo poche persone possono possedere un bene, poiché ognuno di noi ha il potenziale per farlo, anche se sembra vietato. Un bene può accompagnarci fin dove è permesso al momento, contribuendo a creare una vita felice, aggiungendo un completamento o un complemento all'esistenza terrena, trasformando la realtà in un sogno. Questo processo costruisce la mente fin dall'infanzia fino all'età attuale, creando una vita priva di mali, senza l'interferenza sbagliata degli altri e permettendo lo sviluppo di un sentimento interiore adulto, libero. Non è possibile aggiungere spine intorno a noi senza commettere i reati di cui lo Stato è garante in un'esperienza programmata. Solo la pubblicità o una sincera ignoranza del male possono oscurare questa realtà.

L'idea di bene implica la capacità di non essere sordi, in contrapposizione ai giochi di potere che vengono applicati implacabilmente su di noi, apparentemente senza una ragione apparente ogni giorno. Tutto sembra illegale, ma alla fine è così... Che cosa intendiamo per "bene"? Forse dovremmo discutere delle vacanze di Natale? Va tutto bene, grazie! Ma questi signori sembrano credere che il pensiero sia falso o che siamo noi ad essere sbagliati, ed è davvero strano come si possa sopravvivere con una pistola puntata contro di noi. Il dialogo sembra essere inesistente, nessuno si parla, e l'espressione di sé stessi sembra scorrere solo in una direzione, senza una vera conversazione. La ragione del male è difficile da identificare, ed è difficile sfuggire a questa condizione, poiché manca un punto di incontro sociale. La comunicazione sembra in declino, con il linguaggio parlato e scritto che si degrada nel disfacimento mentale, e la legge, che è condivisa, sembra incapace di risolvere questi problemi.

L'illusione di essere superiori era solo un piccolo inganno, e cercare eccessivamente i sogni sembra essere il modo per liberarsi dal male. Coloro che ci bloccano nei nostri discorsi, sostenendo che siamo goffi, dovrebbero fare attenzione a non attraversare una strada pericolosa, poiché la guerra è sempre in agguato. Un dialogo non esiste, nessuno si rivolge all'altro, ma si perde tempo senza parlare, trascorrendo ore in silenzio, senza intrattenere conversazioni significative sulla natura del male. Sembrano non esistere aree sociali di incontro, e la legge, sebbene comune, sembra vietata come soluzione ai problemi che ci affliggono.

L'idea di sentirsi superiori potrebbe essere solo un'illusione, mentre superare il male richiede un'attenzione costante, evitando l'errore. In realtà, è possibile che il male e l'errore siano due entità differenti, ma è importante fare attenzione a non commettere errori. Non è possibile vivere in modo continuo cercando sempre qualcosa di nuovo, dimenticando ciò che è passato, e anche se può sembrare banale, abbiamo bisogno di essere consapevoli delle nostre azioni.

La vita può essere una trappola mortale, poiché sembra che siamo costretti a convivere con il male. Forse la vita è una questione di sottomissione a un parassita, e in tal caso, potremmo chiederci se la vita stessa è giustificata. Tuttavia, dobbiamo cercare i momenti in cui il bene è presente, per trovare un senso in tutto ciò. Sembrano esserci molte persone che vedono solo ciò che non è visibile, immaginando ciò che è nascosto, e dichiarando: "L'ho creato."

Nella nostra percezione, esistiamo solo noi e il vuoto, e sembra che ci sia una lotta costante contro tutto e tutti. Le vere risposte sulla vita possono essere celate, ma dobbiamo scoprire i veri valori e i danni che ci sono stati nascosti. La via verso la conoscenza potrebbe non essere agevole, ma è l'unica che possiamo intraprendere. La vista deve essere curata più di qualsiasi altra cosa, poiché la luce è fondamentale per la nostra comprensione. Non sappiamo quanto male dobbiamo ancora subire, ma la promessa di una vita più sana è sempre presente. Il tempo, la fede e l'attesa possono essere alleati nella nostra ricerca di verità. Il futuro è un territorio sconosciuto, ma forse è migliore di quanto possiamo immaginare, purché cerchiamo il bene e resistiamo alle influenze malvagie.

Il mondo è un costante processo di evoluzione, in cui ciò che è inferiore viene progressivamente eliminato. Le paure sono spesso il risultato dell'ignoranza, e l'orrore è il frutto dell'ignoranza che domina per definire ciò che non va. Quando il bene è invisibile, tutto ciò che vediamo è il male, e forse è meglio non guardare oltre. Ci sono persone che vedono solo ciò che non è visibile, immaginando ciò che è nascosto e affermando di averlo creato.

Non esiste solo il mondo che vediamo, ma anche un mondo nascosto, popolato da entità malvagie. Scoprire queste verità può essere un compito difficile, ma è essenziale per comprendere la realtà che ci circonda. Cura la tua vista, cerca il bene e resisti al male, poiché solo così potremo sperare in un futuro migliore. Che possiamo trovare la pace e la tranquillità, lasciandoci alle spalle i problemi, mentre cerchiamo di affrontare ogni nuovo giorno con speranza.

17. Natura e Connessione Universale

Coloro che incarnano la malvagità o perpetuano azioni malvagie sfuggono a ogni tentativo di stabilire un principio di nascita o di esistenza. Siamo, ciascuno di noi, creatori di individui unici e viventi, in un universo intricato e sfaccettato. L'idea di inseguire il bene, trattandolo come se fosse l'infezione, non trova alcuna giustificazione valida; essa appare come un'illusione spaventosa, ma, in realtà, è priva di fondamento. La malvagità, al contrario, può essere paragonata a una nebbia sottile nell'immagine complessiva della vita, un'entità che potrebbe non esistere affatto. Io, personalmente, mi presento semplicemente come un individuo che si manifesta nel contesto di una nazionalità americana.

La colpa, in effetti, si rivela come un concetto inesistente; non esistono punti cardinali o direzioni geografiche, siamo semplicemente esseri, al di là di etichette e luoghi. Credo nella possibilità di una vita divergente, simile a una versione alternativa di un discorso che può esprimere significati differenti. In realtà, la nostra esistenza non segue un percorso lineare, ma è piuttosto una serie di sogni che si realizzano e si esprimono in forme molteplici, entrambe altrettanto valide.

Il mondo stesso non può essere descritto come tondo o perfetto; è un luogo in cui l'erba cresce rigogliosa, ma contemporaneamente la confusione e la discordia possono proliferare. La comunicazione, in particolare, risulta compromessa, e la divisione tra ciò che è conscio e conosciuto rappresenta una delle principali sfide per l'umanità. Anche coloro che abitano in luoghi lontani spesso faticano a comunicare liberamente, e si affidano a mezzi pesanti e armati per farlo, purtroppo spesso perdendo parte del messaggio in questo processo. Questa situazione appare come un grave errore, soprattutto in un'era in cui la comunicazione dovrebbe essere agevole e accessibile a tutti.

La luce della verità si rivela sfuggente, come i ricordi che scintillano come fugaci flash. La luce del Sole, il nostro inestimabile tesoro, rappresenta un dramma se pensiamo che in tutto il mondo potrebbe essere considerata come la legge suprema. Tuttavia, questa visione sembra essere solo un sogno, ma resta costante come un faro nell'oscurità. Le persone spesso trascurano la profondità tra l'immagine apparente e la realtà che essa rappresenta; l'elettricità e la luce divina sembrano distanti dal nostro quotidiano. La depressione, spesso legata alla mancanza di spazio, potrebbe avere radici fisiche, e il suo impatto nella vita di molte persone non dovrebbe essere sottostimato.

Siamo trasparenti come il cielo, e talvolta sembriamo abbandonati nell'infinità dell'esistenza. L'infezione può manifestarsi in vari modi, ma nessuno dovrebbe desiderare o favorire l'infezione. La confusione permea le nostre vite, eppure si discute raramente dei problemi ad essa collegati, e ancor meno della felicità o del bene in generale. La scelta di un partito politico, a volte, potrebbe non essere una decisione personale, ma piuttosto un aspetto che ci viene imposto, spesso senza una chiara comprensione del suo significato.

Alcune regole personali sono sacre e non dovrebbero mai essere violate; è essenziale adattarsi a esse. La confusione e il sovraccarico informativo possono generare uno spiraglio di disconnessione tra l'immagine che ci circonda e la realtà che essa rappresenta. È fondamentale ritrovare un terreno comune in cui stabilirci e comunicare, superando le divisioni geografiche e sociali che ci separano.

Il futuro rimane avvolto nell'incertezza, e il progresso continua a guidare il presente. Tuttavia, i poteri dominanti saranno inevitabilmente sconfitti dal trascorrere del tempo, anche se molti di essi saranno già scomparsi. È giunto il momento di prepararci per un nuovo inizio, di concederci la pace notturna, poiché la notte avvolge il mondo e tutto torna al suo posto, come parte di un eterno ciclo che attende di essere riscoperto.

18. La Forza delle Relazioni

L'infinito del passato trapassa nell'attimo presente, dividere tale continuità assume vitale importanza persino nell'ambito giuridico. Sperimento il gioco tramite finestre-software del mio quadro morale, esplorando il bene e il male, mentre cerco di decifrare un fenomeno universale che attraversa l'intera umanità, dai giovani agli anziani. Tale processo somiglia alla costruzione di un rifugio, come un tetto che si erige sopra la casa o, in modo metaforico, sopra la nostra coscienza. In un'ottica imminente, le lacune vanno colmate, e le errate connessioni chiarite.

La memoria del mio scritto, smarrita agli albori di febbraio, cadde vittima di un virus che colpì il mio computer. Questa perdita è frutto di mia negligenza, un rimpianto che affligge. Quando distinguo tra bene e l'infezione, a volte mi riferisco solo a piccoli post-it, foglietti che appiccico su una rappresentazione, come identità che sfuggono al riconoscimento. In tali casi, mi lamento. Tuttavia, sia il bene sia l'infezione ci appartengono, e discuterne sembra superfluo, se non per mera formalità. In un mondo già esistente, sia il bene sia l'infezione si svelano come mezzi di espressione, come tasselli essenziali per la nostra sopravvivenza.

Una mancanza è una strada senza buche, inspiegabilmente assente. Non esiste soltanto il bene o il male, ma una commistione di entrambi. In questa cacofonia, ci troviamo oggi, nell'anno zero sette, alle 10:20 del giorno dell'undicesimo compleanno di mio fratello. Alcune direttive fasciste o obsolete persistono, nonostante non siano più funzionali al contesto attuale.

Il bene si rivela come un'arte, una pratica da percorrere lungo il tempo, mentre il male assume sembianze di malattia o parassita. Tuttavia, forse stiamo solo vagando per ritrovare la strada verso un mondo di cui conosciamo solo un aspetto spento e monocromatico. L'abbigliamento plasma l'identità e l'atmosfera, e dobbiamo rimanere vigili di fronte a chi etichetta o si basa su cataloghi. La confusione esiste, è una parte inestricabile dell'essere umano, ma trasformarla in un pericoloso gioco è da evitare. Possiamo considerare noi stessi come esseri animali, motivati dalla ricerca del necessario per sopravvivere: cibo, riposo, esistenza. Tuttavia, il motivo per cui dovremmo morire rimane oscuro.

Stratificare la vita in almeno due piani stabili potrebbe fornire chiarezza: da un lato la vita animale, dall'altro l'ignoto successivo. È come se dovessimo chiedere l'assistenza divina per rivoluzionare il nostro ecosistema documentale umano, cercando di ottenere un minimo di soddisfazione intellettuale da un software ormai obsoleto. Rimanere confinati in questa vasca o scatola che chiamiamo mondo non basta a molte persone. Abbandonare il mondo reale in favore di uno ideale potrebbe rappresentare una soluzione, vivendo la realtà con una prospettiva diversa, attribuendo nuovi significati e nomi alle cose circostanti. L'immaginazione costituisce la chiave d'accesso al nostro bene, un frammento del passato.

Dare nomi diversi agli oggetti consente di creare una nuova realtà, e questo processo sembra correlato all'età adulta.

Mi ritrovo talvolta a osservare coloro che tentano di sopprimere il mio spirito, cercando di capire quali vantaggi ciò possa comportare per loro. L'arte di elevarsi al di sopra delle sfide è una pratica che può essere inventata o trasmessa da altri. Laddove nulla sembra perfetto, il mondo è una fonte di colpe, e spesso l'insuccesso o l'errore vengono sfruttati per scoraggiare ogni iniziativa. Nessun atto è intrinsecamente sbagliato; il suo successo è fortemente influenzato dalla nostra visione e dalla nostra percezione. La nascita di un individuo è un mistero che si risolve, ma dipende da molteplici variabili: la luce, l'aria, il colore del giorno e della notte. Ogni individuo ha un'infinità di sfaccettature, una vasta gamma di colori assorbiti nel corso della vita, e ciò che resta in memoria è spesso dimenticato.

Forse oggi è una giornata di sole, dopo una tempesta mattutina; stasera, uscirò. I miei pensieri non sono né falsi né immaginari, ma trattano dell'importanza di aprire gli occhi e, forse, anche la bocca. Nel corso dell'ultimo decennio, il mondo è cambiato, ma le persone rimangono le stesse. Alcune rubano, altre sono rubate. Che si tratti di arte, denaro, lavoro o amore, ognuno deve affrontare sfide, ma è necessario fare uno sforzo per superare il male. Quindi, facciamo quanto è possibile e accettiamo che alcune cose sfuggono al nostro controllo. Uscirò con il mio cane, il quale mi guarda con insistenza, desiderando un'escursione all'aperto. Farò una sosta per un caffè e poi riprenderò la mia giornata.

Un gioco, a prima vista innocuo, può trasformarsi in realtà o trasformarsi in un incubo o un sogno. Il ricordo delle esperienze precedenti, mentre vaghiamo per le strade, ci accompagnerà. Riemergere è spesso un atto difficile, soprattutto quando non si sa cosa ci riserva il futuro. Cosa determina l'importanza delle relazioni tra le persone? Cosa accade se decidiamo di lasciar perdere e andarcene? In taluni casi, ciò che è vietato presenta una serie di ragioni complesse e, spesso, non sono chiare. Tutto è possibile, anche comprendere la perdita, l'abbandono, l'invecchiamento, e il fatto che alcune persone non torneranno più nella nostra vita.

Credere sembra vietato, ciò che è esprimibile è considerato fuori legge, e sembra che, nel mondo contemporaneo, gli esseri umani siano rari esemplari. Le credenze personali, la fede nelle anime delle cose, avvicinano il nostro pensiero alla sensazione di vitalità, poiché consideriamo noi stessi parte di questa stessa realtà.

L'insonnia porta le persone a ripetere azioni simili, trascurando la scoperta di un'arte di vita nuova, privandosi del ricordo di ciò che è accaduto precedentemente. A volte, sembra che siamo gli unici abitanti di questo mondo, e tale dubbio ci perseguita costantemente. Cosa c'è da temere? Mi chiedo spesso. Le realtà confliggono, e il silenzio o l'assenza di confronto sembrano l'unico modo per evitare la confusione.

La percezione non è un dono divino, ma richiede cura e attenzione personale. A volte, sembra preferibile evitare la visualizzazione delle molteplici negatività presenti. Il presente è vasto, il futuro è incerto, e il passato sembra diventare inafferrabile quando qualcuno cerca di rubarcelo. Alcuni aspetti della vita sembrano proibiti, censurati per varie ragioni, forse mille, se vogliamo essere precisi. Tutto sembra possibile, persino cogliere il momento di una perdita, di un addio, dell'inesorabile trascorrere degli anni e delle persone che non incontreremo più. Credere è vietato, e l'espressione di ciò che è pensabile viene percepita come un gesto fuorilegge. Gli esseri umani sembrano scomparsi dalla Terra, ma solo il male persiste come unico attributo umano. Ho molte credenze personali, poiché credere nelle cose e nell'anima degli oggetti mi fa sentire più in sintonia con la vita stessa.

La notte sta per cadere, ed è giunto il momento di riposare, sebbene domani possa risultare senz'altro migliore. Tuttavia, ho provveduto a domani tempo fa, anche se dubitavo che avrebbe senso farlo. È il giorno del mio trentunesimo compleanno, eppure, raramente scambiamo parole per diverse ragioni. La sorpresa dell'essere già qui in un mondo che sembrava essere solo nostro è uno strano enigma. È difficile definire il bene, perché è indefinibile, non ancora completamente compreso. La promessa dell'ignoto sembra ancorata in un mondo verde e naturale.

Forse possiamo trovare una via per recuperare ciò che è andato perduto, poiché è scritto che il recupero è sempre possibile. Gli abitanti non sono uve da calpestare; sarebbe un atto crudele. Cosciente di non poter più sfuggire, resto fermo e rifletto sul futuro. In

Italia, recentemente, la situazione sembra migliorare, poiché la tariffa sulle schede telefoniche è stata abolita. A Cosenza, godiamo dell'arte di non fare nulla, ma c'è un solo mondo che è davvero reale. Lasciare che le persone siano libere è una bella abitudine.

Un paradiso in terra si presenta come un obiettivo realizzabile, ma se non cerchiamo di ottenere di più, non avremo nulla. Chi non desidera non viene mai ripagato; in altre parole, chi non attraversa almeno due cicli di vita non può comprendersi appieno. Oggi, compio trentuno anni, anche se raramente parliamo, per diverse ragioni. La sorpresa è che eravamo già qui, in foto ci riconosciamo come noi stessi, ma la natura del bene resta ancora nascosta. Il nulla promesso non costituisce l'intera verità, ma solo una parte di essa. La bellezza è soprattutto perfezione, e nella selva oscura della vita, possiamo scoprire imprevisti sorprendenti. Nascere è solo l'inizio, e apprendere a fare di tutto è un'attività senza fine.

La notte avanza, ma la giornata è quasi giunta al termine. Domani è un nuovo giorno, e forse potremo ancora riprendere il nostro cammino. Non esiste un ritorno dal mondo dei morti, ma la prigionia eterna è una prospettiva sfuggente. Se vogliamo, possiamo sempre fuggire, anche se il pensiero del suicidio è solo uno scherzo. In questo spazio della mente, esploriamo una moltitudine di discorsi, ma concretizzarli è molto più reale di quanto ciò che ci viene proposto. Ci aggrappiamo sempre alla vita, ma sappiamo che anche una giornata di lavoro richiede un prezzo. Non abbiamo fatto nulla di male, ma come esseri animali, non possiamo permetterci di dormire a oltranza, il che rappresenta un aspetto importante della nostra vita.

Mi fermo quando mi vietano di fare qualcosa, e poi riprendo più avanti. Ho rinunciato alla mia libertà per trovare la fuga; e, alla fine, ho realizzato che non avevo perso nulla. Continuando a soffrire, tutto si renderà disponibile, e molte persone esisteranno. Sorridere è il modo per superare la sofferenza, anche quando si cade da un'altura per atterrare sulla terra. La città sembra un posto basso, e se rimaniamo in questo vortice, cadremo a terra, facendo felici le persone di cultura. La battaglia è in corso, con lo scopo di sostituire chi parte con qualcun altro. Quante stranezze ci aspettano in questo mondo? Il tempo guarisce le ferite causate da un incidente, e una ferita si cicatrizza. Qualcosa di indefinito rende questa realtà reale, e sembra che viviamo immersi nell'acqua per gran parte del giorno.

Domani esplorerò abissi per ristorarmi, temi ciò? Domando a me medesimo. Le realtà si scontrano, forse non è altro che il silenzio o il consenso a non vivere liberamente. Desidero l'opportunità di brindare a questo mondo non errato, oggi e sempre. Un furto indiscriminato si consuma, ma evito il pensiero negativo; uno Stato dovrebbe intervenire, ma questa rimarrà un'altra incognita. Credi davvero che alla fine possano colpirti? Io invece non lo credo; basta formulare un discorso liberatorio, come un moto che ti trasloca. Il mondo non è normale, la vita non è comune; forse il resto è troppo aperto e va chiuso. Avverto già l'arrivo della primavera; forse è colpa del clima attuale. Mi sussurra di abbandonare i dubbi e accettare le cose che faccio così come sono, con un valore intrinseco che crescerà costantemente. Avevo tanto da comunicarti, ma si sono dileguate dalla memoria... Ma certo, basta rendere le cose semplici, e tutti potranno accedervi, ma quanto erano più semplici le invenzioni costruttive mai scoperte? Essere svegli non è una necessità vitale, ma una realtà costruita; esiste solo un'unica via per essere in vita oggi: è giorno, sono sveglio per forza, poiché sono vivo. Devo lavorare, ma dovrei pagarvi per questo? Non ho compiuto nulla, ma da animale non posso riposare. È un fatto molto importante per me.

Mi fermo sempre quando mi viene vietato qualcosa, poi riprendo più avanti; mi sono privato della libertà per concedermi la fuga. Notate, non hanno sottratto nulla. Interrompi il dolore, reagisci; tutto sarà a portata. Le persone esistono tutte, forse troppe, in totale. Sorridi; la sofferenza è presente finché si precipita in un abisso terreno. Quello che ci fanno compiere deve avere una rilevanza straordinaria in questo mondo che non è poi così fasullo, ma è soprattutto la bellezza, e la bellezza è soprattutto perfezione. Poi, in questa selva oscura, si scopre un'imprevista rivelazione; bisognava nascere soli ma non necessariamente malati. Impara a eseguire ogni azione, ma soprattutto, che spreco di tempo, poiché non giungerai mai a compimento.

Notte, è quasi l'ora di chiudere anche questa giornata; domani sarà sicuramente migliore. Così, anche se mi ero già preoccupato del futuro, ora non lo so più; pensavo che il domani avrebbe portato alla fine... Ma ora sono svanito; mi hanno detto che mi elimineranno appena alzerò un dito. In ogni caso, lo faranno lo stesso. Rilassati, le loro armi sono inefficaci. Quanto vale un sogno? Ha un prezzo, o siamo già tutti estinti, obsoleti e privi di valore? Mantenere gli occhi aperti sarà proibito? Che discorso amaro; avrebbe bisogno di dolcezza.

Non sparate, sono già morto! Il luogo in cui viviamo era troppo basso, falsificato; come evitarne il declino o l'avvelenamento? Fuori dalla mia dimora per bene, ogni tanto sopraggiunge qualcosa che cancella; tante ingiurie, tutti si offesero. Anch'io, oggi, come un'infezione, sono un'infezione, ma nessuno sembra conoscere il motivo. Ci precipitiamo in questo vortice dantesco; sarà un piacere cadere a terra per gli individui colti. Almeno si sarà più felici, o forse tutto ciò che esiste all'esterno è solo assenza, in una legge, una malattia, o una condizione malsana. Sono stanco, mi rilasso; ormai dovrebbe essere qualcun altro a condurre le guerre a quest'ora.

Se ci dicono che il mondo è migliorato, non significa che si viva nel male. Non è la mancanza di parole, ma la carenza di spazi. Nella felicità della solitudine, la sottolineatura dell'ubriachezza... Forse l'alcol è la vera vita? Ma cosa ci guadagneremo? Sarà solo uno sforzo inutile. Questo luogo lo abbiamo pagato; è necessario lavorare e lottare per mantenerlo. Siamo tutti sotto un'oscena minaccia; quando la superiamo, resistiamo all'esistenza. Ci sentiamo portati via da un treno, lontano da quel luogo chiamato disfunzione statica; non è solo una questione personale, ma un territorio frequentato. Poi, viaggiando, scopriamo le persone rimaste, vicine come paesi prossimi.

Cosa posso dirti... Sembrava un semplice mal di testa, ma era un'altra realtà che cercava ingresso, sicuramente sbagliata. Solo un Dio può entrare nella mia mente. Le possibilità in questo mondo sono infinite? Io non credo; la realtà è ben definita, almeno il 90% è calcolabile e realizzabile, ma ci sono sempre persone che vanno oltre. La vita è tua, la guidi; chi ti supera non esiste o è già altrove. Lo definisco bene, anche se esiste, ma è una confusione per molti, una duplicazione degli esseri umani che impedisce il riconoscimento.

Dai morti non c'è ritorno, quindi non siamo imprigionati per l'eternità; puoi sempre scappare, se non per altro, suicidarti. Scherzo. Qui facciamo tutti i discorsi in modo ipotetico; l'attuazione è molto più concreta di quanto proposto, così come l'immaginazione è un raro dono da preservare. Non fa sparire il mondo, ma lo rende visibile. Continueremo sempre a morire, ma non è finita. Non puoi costruire un grattacielo da solo; servono persone, e qui inizia la politica, ma questa è un'altra storia. Devo uscire.

Un paradiso terrestre, anche se non lo ricordo, continua ad avanzare. Se non desideri di più, non avrai nulla. Chi non vuole due volte non sarà compensato, o meglio, chi non muore due volte! Oggi compio trentuno anni, anche se non ci sentiamo mai, per diverse ragioni. È vietato dire cosa eravamo già qui, ma in foto eravamo noi stessi. Forse è meglio affermare che un bene è un enigma, un'entità che ancora non si è svelata. Il nulla promesso si dice, ma anche tutto il resto. Non ho parlato con nessuno, ma questo mondo è un'oasi naturale.

Forse possiamo recuperare, c'è la possibilità di farlo sempre. Gli abitanti non sono uva da calpestare; sarebbe un atto brutale. Cosciente che non posso più fuggire, domani ci saranno ancora insetti. Insisto nel rimanere seduto. Ultimamente in Italia si sta bene, non si applica più la tariffa sulle schede telefoniche. A Cosenza, ci piace proprio non fare nulla. Esistono molti mondi, ma solo uno è reale. Amo dare alle persone la libertà... Che giornata meravigliosa.

19. Superare le Sfide

Nel nuovo giorno che sorge, mi ritrovo in contemplazione di ciò che è stato detto in passato. Le parole si sono mescolate e trasformate in un flusso di pensieri che danza nella mia mente. Ma il tempo non si ferma, e la vita continua il suo corso. Oggi è una nuova pagina del mio percorso.

Mentre osservo il mondo intorno a me, rifletto su quanto sia straordinario e complesso. Le persone che incontro, le situazioni che vivo, tutto sembra parte di un disegno più grande. Mi rendo conto che le parole possono essere un mezzo per esplorare il significato della vita, ma la vera comprensione va oltre il linguaggio.

Ogni giorno porta con sé sfide e opportunità. Mi rendo conto che dobbiamo affrontare le difficoltà con coraggio e affrontare le occasioni con gratitudine. La vita è un viaggio in continua evoluzione, e dobbiamo imparare ad adattarci ai cambiamenti che essa ci presenta.

La solitudine, che ho menzionato in precedenza, può essere una compagna preziosa. È un momento in cui possiamo riflettere su chi siamo e cosa vogliamo dalla vita. Ma, allo stesso tempo, l'interazione con gli altri è essenziale per il nostro benessere. Trovare un equilibrio tra il tempo per noi stessi e il tempo con gli altri è una sfida, ma è una sfida che possiamo affrontare con grazia.

Guardo fuori dalla finestra e vedo il mondo che si estende dinanzi a me, un mondo di possibilità e avventure in attesa di essere esplorate. La vita è un regalo, e dobbiamo viverla appieno, abbracciando ogni momento con consapevolezza e gioia.

Il tempo scorre inesorabile, ma ogni istante è un'opportunità per crescere, imparare e condividere. Continuerò a esplorare il mistero della vita, ad abbracciare la bellezza del presente e a cercare il significato nelle parole e oltre di esse.

Nel mio cammino, ho imparato che la ricerca del significato è un viaggio senza fine. Nonostante le parole possano offrire momenti di chiarezza, spesso ciò che è più profondo sfugge all'eloquenza. La vita è un enigma complesso, e ogni giorno ne rivela nuovi aspetti.

Mentre mi sforzo di capire il mondo che mi circonda, non posso fare a meno di riflettere su quanto sia delicato e prezioso. La bellezza si nasconde nelle piccole cose, nei dettagli spesso trascurati. La natura stessa è una fonte infinita di ispirazione, e osservare il sorgere del sole o la caduta della pioggia mi riempie di meraviglia.

La comprensione del nostro ruolo in questo vasto universo è un'altra sfida affascinante. Siamo piccoli esseri in un cosmo immenso, ma ciò non ci esclude dal contribuire in modo significativo alla trama della vita. Ogni azione che intraprendiamo può avere un impatto, sia esso positivo o negativo.

Le relazioni umane sono una parte fondamentale del mio percorso. Le connessioni che creiamo con gli altri sono una fonte di gioia, ma anche di sfide. La comunicazione, spesso imperfetta, è il mezzo attraverso il quale cerchiamo di comprenderci a vicenda. Ma in queste imperfezioni risiede la bellezza della nostra umanità.

Mi rendo conto che la crescita personale è un processo continuo. Ogni giorno è un'opportunità per imparare qualcosa di nuovo su di me e sul mondo circostante. Accolgo i momenti di difficoltà come opportunità di crescita, anche se so che saranno presenti sul mio cammino.

Mentre scrivo queste parole, mi rendo conto che il viaggio non ha una destinazione definita. La bellezza sta nel percorso stesso, nell'esplorazione di ciò che non è noto. Mi preparo ad affrontare il nuovo giorno con un senso di avventura e gratitudine per le opportunità che si presenteranno.

E così, il mio cammino continua, attraverso le parole e oltre di esse, alla ricerca di un significato più profondo e di una comprensione più ampia. La vita è un mistero che non cesserò mai di esplorare.

20. La Fine del Viaggio

Mentre il sole sorge su un nuovo giorno, mi ritrovo ancora una volta immerso nei pensieri e nelle riflessioni che permeano la mia esistenza. La vita è un viaggio senza fine, un'odissea attraverso il tempo, la conoscenza e l'esperienza.

Ogni alba porta con sé una promessa di nuove scoperte e di possibilità inesplorate. L'infinita complessità del mondo è un costante invito a esplorare, a cercare il significato nascosto dietro ogni volto, ogni luogo e ogni parola.

La solitudine continua a essere la mia compagna silenziosa, una musa che mi ispira a scrutare il mio io più profondo. È in quei momenti di tranquillità che trovo spazi per meditare sulle domande fondamentali: chi siamo e quale è il nostro scopo in questo universo in continua espansione?

L'interazione con gli altri, d'altra parte, è un percorso complesso e affascinante. Le relazioni umane sono un'intersezione di idee, emozioni e aspirazioni. Ogni incontro è un'opportunità per imparare, condividere e crescere, ma può anche essere un terreno fertile per fraintendimenti e conflitti.

Guardando il mondo attraverso gli occhi di un osservatore, vedo una complessità straordinaria che si svela in ogni angolo. La bellezza si nasconde nelle cose più semplici, nei gesti gentili e nei sorrisi condivisi. La natura stessa è un inesauribile fonte di ispirazione, un costante promemoria della grandezza e della fragilità della vita.

Mi rendo conto che la comprensione del nostro ruolo in questo vasto universo è un'indagine infinita. Siamo parte di un'intreccio cosmico, influenzati da forze più grandi di noi stessi. Tuttavia, la nostra capacità di agire, di creare e di connetterci ci dà un'importante responsabilità.

Le parole continuano a essere il mio mezzo principale per esplorare il mondo e comunicare con gli altri. Tuttavia, riconosco che le parole sono spesso limitate e imperfette. C'è un'intera gamma di esperienze che sfugge alla descrizione verbale, ma che vive nel silenzio, nei gesti e nell'energia che circonda ogni interazione umana.

La crescita personale è un obiettivo costante nel mio viaggio. Le sfide che incontriamo, le difficoltà che superiamo e le lezioni che apprendiamo ci modellano e ci spingono a diventare versioni migliori di noi stessi. Ogni giorno è un'opportunità per crescere, imparare e condividere il nostro bagaglio di esperienze con gli altri.

Mentre scrivo queste parole, mi rendo conto che il mio viaggio non ha una destinazione finale. È il percorso stesso, la ricerca del significato e della comprensione, che dà significato alla vita. Sono grato per le opportunità e le sfide che ogni giorno porta con sé e mi preparo ad affrontare il futuro con spirito avventuroso e cuore aperto.

Il mio cammino continua, attraverso le parole e oltre di esse, alla scoperta di un mondo infinitamente complesso e meraviglioso. La vita è un mistero che abbraccio con gratitudine e curiosità.

21. Oltre l'Orizzonte: Continuare la Ricerca

Il mio cammino attraverso le parole e le riflessioni giunge al termine di questo libro. Questa odissea di pensieri e parole mi ha portato a esplorare il significato della vita, la complessità del mondo e la bellezza delle connessioni umane. Mentre chiudo questa pagina, rifletto su ciò che ho imparato in questo viaggio senza fine.

Ho imparato che la vita è un'esperienza unica, un'opportunità preziosa per crescere e scoprire il nostro vero io. Le sfide che incontriamo, le relazioni che coltiviamo e le esperienze che viviamo sono tutte parti intrinseche di questo percorso.

Ho imparato che le parole sono strumenti potenti, capaci di esprimere pensieri, emozioni e idee. Tuttavia, le parole sono anche limitate nella loro capacità di catturare appieno la ricchezza dell'esperienza umana. C'è una bellezza nel silenzio, nei gesti e nell'energia che circonda ogni interazione.

Ho imparato che la solitudine può essere una fonte di ispirazione e auto-scoperta. È in quei momenti di tranquillità che possiamo approfondire la nostra comprensione di noi stessi e del mondo che ci circonda.

Ho imparato che le relazioni umane sono un pilastro fondamentale della nostra esistenza. Attraverso le connessioni con gli altri, cresciamo, condividiamo e impariamo. Le relazioni sono il tessuto stesso della vita, un'intreccio complesso di momenti condivisi e esperienze condivise.

Ho imparato che il mondo è un luogo di bellezza e complessità straordinarie. La natura stessa è una fonte inesauribile di ispirazione, un costante promemoria della grandezza e della fragilità della vita.

Ho imparato che la comprensione del nostro ruolo in questo vasto universo è un'indagine infinita. Siamo piccoli esseri in un cosmo immenso, ma la nostra capacità di influire sulle cose e sulle persone che ci circondano ci conferisce un'incredibile responsabilità.

Mentre chiudo questo libro, mi rendo conto che il mio viaggio continua. La ricerca del significato, la crescita personale e l'esplorazione della bellezza della vita non hanno mai fine. La vita è un mistero senza risposta definitiva, ma è nel processo di ricerca che troviamo il nostro scopo.

Ricordo queste parole, queste riflessioni e queste esperienze mentre avanzo nel mio cammino. La vita è un'odissea senza fine, e continuerò a esplorare, a imparare e a condividere con il mondo che mi circonda. La bellezza della vita è in ogni nuovo giorno, in ogni nuova avventura e in ogni nuova connessione.

E così, con gratitudine e un cuore aperto, chiudo questo libro, pronto per iniziare un nuovo capitolo nella mia ricerca di significato e bellezza. La vita è un dono straordinario, e continuerò a esplorare, a vivere e a celebrarla con ogni parola e ogni pensiero che mi ispira.

Epilogo

Mentre giungiamo alla conclusione di questo viaggio attraverso "Pensieri Contaminati," desidero esprimere la mia gratitudine a chi ha camminato al mio fianco in queste pagine. Questo libro rappresenta un percorso personale di scoperta, riflessione e condivisione, ma non sarebbe stato possibile senza il supporto e l'ispirazione che ho ricevuto lungo la strada.

Iniziamo con un ringraziamento ai miei cari familiari. Il vostro amore, il vostro sostegno e la vostra comprensione hanno dato forma a questo viaggio. Siete stati le fonti stesse delle relazioni umane di cui ho parlato in queste pagine. Ogni giorno con voi è un capitolo prezioso del mio libro di vita, e per questo vi sono grato.

Desidero anche esprimere la mia riconoscenza al lettore. Se stai leggendo queste parole, sei entrato a far parte di questo viaggio, condividendo con me la ricerca di significato e bellezza nella vita. Le tue parole e le tue riflessioni sono parte integrante di questa esperienza condivisa. Grazie per aver dedicato il tuo tempo a esplorare "Pensieri Contaminati."

Infine, vorrei ricordare che questo libro è solo una tappa nel mio percorso di esplorazione e apprendimento. La vita continua ad offrire nuove esperienze e nuove opportunità di crescita. Spero che tu, caro lettore, possa trovare ispirazione nel mio viaggio a continuare a cercare significato, bellezza e comprensione nella tua vita personale.

Mentre chiudo queste pagine, mi ricordo di un concetto che ho sottolineato spesso in questo libro: la vita è un'odissea senza fine, e il viaggio stesso è il significato. Con cuore grato e mente aperta, continuerò a esplorare, a imparare e a condividere con il mondo che mi circonda.

Grazie ancora, a te caro lettore, e a tutti coloro che hanno reso possibile "Pensieri Contaminati." Che la bellezza della vita ti accompagni in ogni passo del tuo viaggio personale. Buon cammino!

Gerardo D'Orrico

Contatti dell'Autore:

E-Mail
gerardo.dorrico@gmail.com

WhatsApp
+39 339 67 25 127 

Web
https://gera76.github.io/beneinst/

Facebook
@gerardo.dorrico 

Medium
https://gerardo-dorrico.medium.com/

Pinterest
https://www.pinterest.it/beneinst/ 

Youtube
https://youtube.com/@beneinst?si=aZ6YGNO0EJWPFQDR